藤田尚志・宮野真生子 編
Hisashi Fujita & Makiko Miyano

愛

結婚は愛のあかし？

愛・性・家族の哲学①

LOVE

ナカニシヤ出版

シリーズ刊行にあたって

婚活・恋活・妊活……愛や性、そして家族を求める活動が近年盛んになっている。未婚率が上がり、少子化が進んでいると言われているが、人びとは決して誰かとともに生きるということから撤退しているわけではなく、むしろなんらかのつながりや絆を求める傾向が近年ますます顕著になってきているようにすら見える。

ただし、そのつながりは、旧来の家族の形とはずいぶん異なっている。事実婚、同性婚、シングルマザーの増加やシェアハウスの出現、あるいは生殖補助医療による妊娠・出産。そうした変化のなかで、多様な愛や性のあり方に対する偏見や差別、親子関係の複雑化、特に日本における従来の婚姻制度の限界など、いままでにはなかった、あるいは見えていなかった困難も顕在化してきている。これらの問題を考えるためには、そもそも私たちが他者を求め、つながりを求める生き物であるという事実と同時に、婚姻制度やジェンダーをめぐる規範、家族と国家の関係が歴史的に形成されてきた事実をも考慮に入れて分析する必要がある。

しかし、ここで注意しておかねばならない点が二つある。それは同時に、本シリーズの特徴をも示しているだろう。第一に、愛・性・家族は切り離して考えられうるものであり、また考えられるべきでもあるが、そのためには、その錯綜した現状を解きほぐさねばならず、したがって、一度は徹底的にその三者の関係を分析せねばならないということである。私たちが、「愛・性・家族の哲学」と名付け、三巻同時に世に問おうとしたゆえんである。

第二に、愛・性・家族に関する以上のような分析は、社会学的・法学的・人類学的知見に依拠しながらも、それらを自由に横断し、縦横に媒介することで、それらの観点自体がもたらす制限に自覚的・批判的なまなざしを向ける、哲学的なものでなければならない。ここで言う「哲学」的なまなざしとは、単にアクチュアルな問題を扱う、いわゆる「現代思想」的なものだけを意味するのではなく、同時にいまを生きる私たちが常にそこから新たな着想を汲むべき概念の宝庫としての思想史・哲学史をも視野に入れることで、反時代的なものたらねばならない。

本シリーズはこうした問題意識から、愛・性・家族の問題を切り離すことなく、その錯綜体へと、アクチュアルな視点と思想史的な視点の双方から、哲学的に迫っていくことを目指すものである。

編　者

はじめに

現在、世界各国で同性婚が認められるようになり、同性カップルであっても「家族」になることのできる時代がやってきた。互いに愛し合い（そこには性的な関係が含まれる場合が多い）、生涯をともにする相手であれば、それが同性であろうと異性であろうと「家族」になれるのが当たり前ではないか。だからその婚姻を公的に認めるべきだ、というわけである。愛し合うこと、家族になること、そして公的に認められること。だが、この三つの要素はすぐに結びつくものだろうか。そこにはある飛躍が隠れていないだろうか。

たとえば、私たちは恋に落ちたとき、「いま恋をしています」という証明がほしいとは思わないし、セックスしたことを声高らかに宣言したりもしない。愛し愛される二人の関係に対して、お役所が「その関係間違っていますよ」とか「それは良い関係ですね」などと口出ししてくれば、「私たち個人の関係なんだからほっといてよ」とイライラするだろう。恋することは個人的な問題、愛情は親密な二人の関係のもので、杓子定規《しゃくしじょうぎ》な決まり事からはもっとも遠い自由でプライベートな領域なのに、口出ししないでくれ、そんな思いがわき上がる。にもかかわらず、私たちは「結婚」「家族」となると役所に書類を出し、「私たちの結婚を認めてください」と公的な証明を求める。「恋／愛」や「性」というプライベートな事柄は、「家族」へ接続するとき、ある変化を被る。「好きな人とずっと一緒にいたいから結婚する」。実はこの言葉には、その変化がともなっているのだが、私たちはそのことにほとんど気づくことはない。

『愛・性・家族の哲学』シリーズの第1巻にあたる『愛――結婚は愛のあかし?』では、この不思議な三位一体を問い直すべく、「愛」のかたちを東西の思想史から明らかにしていく。というのも、「恋」や「性」というプライベートな事柄が「家族」へと展開する際の鍵を「愛」が握っているからである。では、「愛」とはなんだろう。それは誰かを大切にしたり、慈しむことに決まっているじゃないかとすぐさま返ってきそうだ。だが、その「誰か」とは一体どのような存在なのか、「慈しむ」とは具体的にどういう行為なのか、と問い返されたらどうだろう。たしかに、人びとは「愛」という言葉に、他者とともに生きるためのさまざまな理想を託してきた。ただし、その理想のかたちは時代ごと、地域ごとに大きく異なり、「愛」ということを一口で語ることがためらわれるほどに、多様である。この多様な「愛」のかたちがズレを孕みつつ、折り重なって、現代の私たちにとっての「愛」が成立している。それゆえ、いまの「愛」を考えるためには、そのズレと重なりを思想史的に解きほぐさねばならない。本書が目指すのは、幅広い「愛」の概念に対し、「恋愛」と「結婚」という補助線を引くことで、先に述べた愛・性・家族の不思議な三位一体を解きほぐす出発点を整えることである。

本書を読むための簡単な見取り図を示しておこう。構成は「西洋から考える「愛」」と「日本から考える「愛」」の二本立てになっており、分量的には西洋についての記述のほうが多くなっている。

このことには理由がある。現代の日本を生きる私たちにとって、「愛しているよ」というささやきはいくぶん気恥ずかしいものだろう。だが、海外の映画を見ればスクリーンのなかの俳優たちはいともたやすく"I love you"と呼びかけている。「愛しているよ」という訳語がもつ気恥ずかしさ、むずがゆさは、この言葉が西洋的なloveの翻訳語であるところから来ていると思われる。でも、だからこそ、「愛」という響きは私たちを魅了する。こうした現代日本における「愛」を考えるには、まずその起源となった西洋における「愛」について知る必要がある。だが、西洋的なloveも一枚岩の概念ではない。それゆえ、その複雑な成り立ちを詳細に調べることが大切なのだ。

西洋における「愛」の起源であると同時に常に「愛」を語る際の参照軸として機能してきたのが、ギリシアのプラトンである。第1章「古代ギリシア・ローマの哲学における愛と結婚――プラトンからムソニウス・ルフスへ」(近藤智彦)では、現代における「同性婚」というアクチュアルな問題を入り口として、古代ギリシア・ローマにおける「愛」と「婚姻」のあり方が分析される。よく知られているように、古代ギリシアでは「(男性同士の)同性愛」に高い価値が置かれていた。しかし、ローマ帝政期に入ると同性愛は批判の対象となり、夫婦愛の重要性が説かれるようになる。この変化が意味するのは、その後続くことになるキリスト教的な「愛」のあり方との連続性ではない。近藤がそこに見て取るのは、プラトン的な「脱肉体化」した愛が、肉体と精神の両面での愛へと展開していく過程である。

第2章、第3章ではキリスト教における「愛」がテーマとなる。まず、第2章「聖書と中世ヨーロッパにおける愛」(小笠原史樹)では、聖書における「アガペー」としての愛が提示される。キリスト教における愛は、古代ギリシア的なエロスとは異なり、「神から人間への愛」が原点にある。この神からの愛をもとにいかに人間が神を愛するのか、その一方で人間同士の愛のかたちはどのようなものなのか。キリスト教が大きな影響力をもった中世ヨーロッパでは、神と人間との関係のなかで常に「愛」が問われることになる。第3章「近代プロテスタンティズムの「正しい結婚」論？――聖と俗、愛と情欲のあいだで」（佐藤啓介）では、キリスト教、特にプロテスタンティズムにおける「結婚」の位置づけが論じられる。ここで佐藤はカトリックで「秘蹟」とされていた結婚が宗教改革以降、創造の秩序のもとに置かれたことで、男女間の「愛」のあかしとなったこと、一方でそれゆえに人間がもつ「情欲」の問題が浮かび上がってきたことを指摘する。こうしたプロテスタンティズムにおける愛ある結婚観と情欲の問題は、近代日本において恋愛結婚観が成立する際に大きな影響を及ぼしており、本書の第6章を読むための予備知識ともなるだろう。

だが、西洋の「愛」の思想はキリスト教に尽きるものではない。第4章「恋愛の常識と非常識――シャルル・フーリエの場合」（福島知己）では、男女の一対一の愛ある結びつきとしての恋愛、あるいは結婚という考え方に対して、『愛の新世界』に登場するファクマの物語が対置される。この物語は、「愛」を肉体と精神に分け、多数の相手に配分するというものだが、こうした思考実験を通じて、読み手はみずからの恋愛の「当たり前」を疑うことになる。恋をするとき、一体人は相手の何を求めているのか、それは「愛」と呼べるものなのかが、ラディカルな設定のなかで浮かび上がってくる。

第Ⅱ部は「日本から考える「愛」」と題し、古代・中世から近世を経て、近代日本における「愛」

のかたちを概観していく。まず第5章「古代日本における愛と結婚――異類婚姻譚を手がかりとして」(藤村安芸子)では、『古事記』で描かれたトヨタマビメの物語と『崖の上のポニョ』の比較から、古代と現代の「愛」の違いが論じられる。今も昔も恋をすると人は相手の「本当の姿」を求める。しかし、人間の本当とは何か。藤村はそこに人間がもつ暴力性を見出し、この暴力性との関わりのなかで「愛」のあり方が形作られてきたことを指摘する。恋をして「本当の姿」を求めるのは、相手と一体化をのぞむゆえである。こうした恋のもつ激しい合同への思いが引き起こす悲劇については、コラム「近世日本における恋愛と結婚――『曾根崎心中』を手がかりに」(栗原剛)が参考になるだろう。そして、第6章「近代日本における「愛」の変容」(宮野真生子)では、ここまでの東西の「愛」の思想史が近代日本にどのように取り込まれ、そして、ずれていったのかが論じられる。近代日本において「恋愛結婚」は身も心も融け合う合同、それこそが愛のあかしと理想化された。だが、その合同にはある暗部がつきまとう。一体化としての愛の真相から藤村論文にふたたび戻ることで、私たちは恋が求める「本当の姿」ということの問題に気づくことができるだろう。

東西の、そして、古代から現代への「愛」のあり方を追いかけるなかで、今の私たちにとっての「愛」の当たり前を捉え返し、疑ってみること。それは「愛」を単に賛美するのでも批判するのでもない。他者とともに生きる存在である私たちにとって開かれた「愛」のあり方を模索する第一歩なのである。

宮野真生子

目次

I

西洋から考える「愛」

第1章 古代ギリシア・ローマの哲学における愛と結婚
――プラトンからムソニウス・ルフスへ――

近藤智彦

1　古代ローマの哲学者と同性婚

ムソニウス・ルフス（後三〇年頃－一〇〇年頃）という古代ローマで活躍したストア派の哲学者の名前を聞いたことがある人は少ないだろう。しかしこの人物は、いまも読者の多い哲学者エピクテトス（後五〇年頃－一二五／一三〇年頃）の教師として知られ、古代では「ローマのソクラテス」と評されるほどの名声を博していたようである。彼は自分では著作をのこさなかったが、彼の教説の一部は後世の資料（主にストバイオス『抜粋集』）を通して伝わっている（以下の参照は Hense 1905 の資料番号による。英訳：Lutz tr. 1947, King tr. 2011）。そのムソニウス・ルフスの名前が、意外なところで見出される。それは、いま世界的に広がりつつある——遅ればせながら日本においても議論が高まってきた——同性婚との関連であらためて問われている点、すなわち「結婚」の定義をめぐる論争においてである。

その代表的な例として、ジョン・フィニスという現代の哲学者の議論を見てみよう。フィニスは中世の哲学者トマス・アクィナス以来の流れをくむ新自然法論の第一人者で、キリスト教の伝統的道徳を擁護する側から、同性婚に対してのみならず同性愛自体に対して明確に否定的な見解を取っている。フィニスによると、「結婚」とは定義上、友愛（愛情）と生殖を本質的にともなうような男女間の性的結合のことであり、したがって同性婚はそもそも「結婚」ではない。しかも、その「結婚」の枠内においてのみ性行為は適切なものになるとみなされるべきなのだから、同性間の性行為をよしとすることは「結婚」の価値を掘り崩すことにつながる、とされるのである。フィニスは、こうした正しい結婚観がキリスト教の伝統以前にも存在していたと主張し、それを特に明確に説いている哲学者としてムソニウス・ルフスの名前を挙げている（Finnis 2011b［1996］, p.88 = 2011a, p.448; 2011b［2008］, p.323 n.18）。

実際のムソニウス・ルフス自身の議論を見てみよう。彼は「結婚の要点は生活と子どもをなすこととの共同である」と言い、男女のカップルが子どもを生み育てることにたずさわるとともに、相互的な愛情に基づいて共に生活していくことに、結婚の本質を見出している（XIII A「結婚の要点とは何か」ストバイオス『抜粋集』IV.22c.90）。さらに、「性行為が正当とみなされるのは、それが結婚関係のなかで子づくりを目指してなされる場合だけである、と考えなければならない。そのような性行為のみが法の認めるものだから」と言う一方で、「男性同士の交わりも姦通に劣らず法に反したものである。それは自然本性に反した大それた行ない（*tolmēma*）だから」と論じている（XII「性行為について」ストバイオス『抜粋集』III.6.23）。

たしかにこれを見る限り、結婚というものを愛情と生殖を本質的にともなうような男女間の関係とみなすとともに、同性間の性行為（ただし言及されているのは男性同士の関係のみであるが）を否定的に捉えるという点で、ムソニウス・ルフスの議論はフィニスが主張するところの正しい結婚観と驚くべき類似を示しているように見える。ムソニウス・ルフスが古代ローマ社会の伝統に一定の影響を受けていることは確かであり、それが現代にまでつながるキリスト教的な結婚観の一つの淵源となったことも事実である（Treggiari 1991）。しかし私たちは、両者の表面的な類似を確認するだけで満足してはならない。哲学的議論にとって重要なのは、どのような思想的背景と格闘しながら、どのような論拠に基づいて結論にたどりついたか、その思考の動きそのものだからである。

以下ではそのような観点からムソニウス・ルフスの議論を検討してみたいのだが、そのために彼の時代からさらに四百年前、古代ギリシアの哲学者プラトンにまでさかのぼってみたい。ムソニウス・ルフスが結婚をめぐって論じる際にもっとも意識していたのは、プラトンによる「愛」の哲学だったと考えられるからである。そこから見えてくるのは、ムソニウス・ルフスがプラトンのさまざまな議論を踏まえながらも、それらを換骨奪胎して用いることを通して、むしろ「反プラトン的」と言える立場を提示しているという事実である。その検討を通して、現代の目からは一見単なる「伝統的」な結婚観の表明にしか見えないムソニウス・ルフスの議論が、実はある面では革新的な哲学をともなっていたということが明らかになるだろう。だから「伝統的」な結婚観がよい（またはよくない）、という結論が導き出されるわけではない。しかし、このように歴史をさかのぼることは、現代における愛や結婚の捉え方を照らし出し、今後のあるべき方向性（たとえば同性婚について）を考察するための材料を提供するものともなるだろう。

2 「合一」を求める愛

❖プラトン『饗宴』におけるアリストパネスの物語

ソクラテスの弟子であり学園アカデメイアを創設した哲学者プラトン（前四二七－三四七年）の名前は、どこかで聞いたことがあるだろう。「ヨーロッパ哲学の伝統を一般的に特徴づけるもっとも安全な仕方は、プラトンに対する一連の脚注からなっているというものである」（A・N・ホワイトヘッド）と言われているほど、彼の哲学はその後の哲学の歴史に決定的な影響を与えてきた。愛という主題をめぐってはじめて本格的に哲学的思索を展開したのも、このプラトンであると言える。なかでもよく親しまれてきたのは、プラトン壮年の傑作『饗宴』である。この作品の舞台となっているのはある祝宴の場であり、その参加者たちが「愛」――古代ギリシア語では「エロース」であり、「恋」や「恋愛」とも訳される――を賛美する演説を順々に行なっていく（日本語訳：朴訳 二〇〇七、中澤訳 二〇一三。

以下の引用では朴訳を一部改変)。

『饗宴』の演説のなかでもっとも有名なのは、喜劇作者アリストパネスが語っている神話めいた物語だろう(189C–193D)[1]。その物語によると、人間はもともと球体であって、手と足は四本ずつ、顔は二つもっていた。しかし、人間たちが神々に反抗したため、その罰として神ゼウスがその球体の身体を真っ二つにしてしまったという。その結果人間たちはどうなってしまったか、アリストパネスは次のように描いている。「こうして、自然本来の姿が二つに分断された(*dicha etmētē*)からには、それぞれの者は自分自身の半身に欲情して(*pothoun*)一緒になろうとし、腕を相手に投げかけ絡みつかせながら、互いにまとわりついて合体することを欲望し(*epithumountes*)、また互いから離れてはまったく何もする気が起こらなかったために、食べることも他のどんな活動もせず、そのせいで死んでいった」(191A–B)。このように、人間がもともとの自分の半身とふたたび合体して、自然本来の完全なあり方を回復しようとする欲望が、愛(エロース)の本質だと言うのである。ちなみに、こうした人間たちの様子を憐れんだゼウスは、性器の位置を移動させることによって、人間たちが性行為を行なえるようにしてくれたという。そのことを通して、人間たちは子どもをのこすことができるようになり、そうでなくとも束の間の満足を得ることができるようになったのである。

このアリストパネスの物語が好まれてきたのは、愛とは相手との「合一」を求めるものだという直観に訴える考え方を、鮮烈なイメージをもって表現してくれているからだろう。近年では、原作がミュージカル(一九九七年)で映画化(二〇〇一年)もされた『ヘドウィグ・アンド・アングリーインチ』のなかで、愛に翻弄されつつ生きるロック歌手ヘドウィグが幼い頃に母から聞いた物語に基づいて歌い上げる「愛の起源」という歌が、このアリストパネスの物語をモチーフにしている。さらに哲学的理論としても、愛――特にロマンティック・ラブ――をなんらかの意味での「合一」として捉える見解が、現代に至るまでさまざまな仕方で試みられてきた。

❖プラトン『饗宴』からムソニウス・ルフスの結婚論へ

はじめに取り上げたムソニウス・ルフスの結婚論にも、このプラトン『饗宴』におけるアリストパネスの物語のエコーが見出される（Nussbaum 2002, pp.299–300）。ムソニウス・ルフスは、結婚というものが人間にとって価値のある「自然本性に即したもの」であると主張したうえで、その根拠を次のように論じている。「さもなければ、人間をつくった製作者は、一体なんのためにわれわれの種族を二つに分断し（*eteme dicha*）、次いでそのために二種類の生殖器を、すなわち女性器と男性器とをつくったというのか。そしてさらに、それぞれにもう片方との交わりと結びつきとを求める強い欲望（*epithumia*）を植えつけ、互いに対する強い欲情（*pothos*）を、男性は女性に対して、女性は男性に対してそれを向けるという仕方で、混ぜ合わせたというのか」（XIV「結婚は哲学することの妨げになるか」ストバイオス『抜粋集』IV.22a.20）。ここでは明らかに、プラトン『饗宴』の先に引用した箇所（191A–B）の周辺に見られたいくつかの語（とその派生形）が意図的に用いられている。

ムソニウス・ルフスの議論は、アリストパネスのようなユーモラスな語り口は取っていないため、与える印象はずいぶん異なる。しかし、それ以上に重要なのは、アリストパネスの物語にはあった論点が、ムソニウス・ルフスではばっさり切り落とされている点である。アリストパネスの物語によると、もともとの人間には三種類――〈おとこおんな（アンドロギュノス）〉・〈おんな〉・〈おとこ〉――がいたという。そして、それぞれが二つに分断されると、〈おとこおんな〉からは女性を求める男性と男性を求める女性が、〈おんな〉からは女性を求める女性が、〈おとこ〉からは男性を求める男性が、それぞれ生じたとされていたのである。この点では、性の狭間《はざま》でもがく歌手ヘドウィグが取り上げるにふさわしい物語だったと言えるかもしれない。これに対して、ムソニウス・ルフスの議論では、はじめから異性間の組み合わせしか想定されていない。そうすることで彼の議論は、男女のカップルによる「結婚」だけが「自然本性に即したもの」だという結論を自然に導くように仕組まれているのである。

3　「自然本性に反した」愛？

❖古代ギリシアの少年愛（パイデラスティア）

そもそもプラトン『饗宴』のアリストパネスの物語では、同性間の愛、正確には男性同士の愛こそが、男女間の愛よりも優れたものとされて、もっとも詳しく論じられていた。アリストパネスは、どこまで本気かわからないが、次のように語っている。「〈おとこ〉の片割れであるかぎりの者たちは男を追いかけ、しかも彼らはもともと〈おとこ〉の一片であるのだから、少年である間は大人の男たちを愛し、その男たちと一緒に横になって抱かれるのをよろこぶのであるが、彼らは、自然本性においてもっとも男性的であるがゆえに、子どもや若者たちのなかでは最良の者たちなのである」（191E–192A）と（なお、「男性的」だから優れているという現代ではとうてい受け入れられない主張は、古代ギリシア世界を支配していたきわめて男性中心的な価値観に従ったものだろう）。

しかもこれは、アリストパネスの物語に特有なのではない。プラトン『饗宴』の他の演説でも、中心的に考えられている愛は男性間のものなのである。たとえば最初の演説者パイドロスは、トロイア戦争の英雄アキレウスはパトロクロスの愛に応えようとしたからこそ勇敢に戦って死ぬ道を選んだのだと語ったうえで、彼らのどちらが年上だったか――これはすぐ後で触れる当時の慣習に従えば、どちらが能動側だったかという問いを意味するのだが――という話題に興じている（179D–180A）。次の演説者パウサニアスも、愛には二種類あり、女性にも向かうのが「世俗的」な愛であるのに対して、少年のみに向かうのが「天上的」な愛だと説いている（180C–185C）。ちなみに、このパウサニアスという人物は、『饗宴』という作品の舞台となっている祝宴のホストである悲劇作家アガトンと、誰もが知る長年のカップル関係を築いていた。

こうしたことから、プラトンと言えば男性同士の愛を称揚した哲学者、というイメージが浸透しているかもしれない。これを「プラトンが同性愛者だったから」というようにプラトンの「特殊性」によるものとみなす解釈もなされてきたが（ケルゼン 二〇〇九［原著一九三三］、Vlastos 1981）、それは同性愛をことさら特殊なものとみなしてきた偏見に基づく読み込みだろう。当時のギリシア世界では、「少年愛（パイデラスティア）」と呼ばれる男性同士の愛の特定の形態が一般に認められており、ときには称揚されてもいたからである（ドーヴァー 二〇〇七〔原著一九七八〕）。そこで考えられているのは成人男性と年少の「少年（パイスまたはパイディカ）」とのあいだの関係であり、前者が能動側の「愛する人（エラステース）」に、後者が受動側の「愛される人（エローメノス）」にならなければならないという、年齢に応じた役割分担が規範とされるものであった。このような少年愛の慣習は、年長者から年少者への教育的役割も担っていたと考えられるが、それと同時に、性的側面を当然含みもつものとみなされていた（こうした点で日本の伝統的な「男色」のあり方と一定の類似性が見られる〔リュープ 二〇一四〔原著一九九五〕〕）。プラトン『饗宴』のなかで男性同士の愛が中心的に取り上げられているのも、こうした慣習を前提にしたものであり、当時の読者には「特殊」とは思われなかったはずである。

✣プラトンの「呪われた予言」

むしろ注目されるのは、プラトン自身が晩年の長編『法律』のなかでは、同性愛を厳しく批判しているように思える議論を展開している点である。この作品の議論を主導するのは「アテナイからの客人」という無名の人物であるが、彼は次のように言っている（日本語訳：森・池田・加来訳 一九九三。以下の引用では一部改変）。「女性と男性が生殖のための交わりを結ぶ際に与えられている快楽は、自然本性に即したものと思われるが、男性が男性と、女性が女性と交わるときの快楽は、自然本性に反したものであり、それを最初にした人の大それた行ない（*tolmēma*）は、快楽の節度を失っていたためのように思われる」（636C–D）と。アテナイからの客人はさらに、男性同士の性行為を禁止すべきだと論じて、その法律に効力をもたせる方策も提案している。その方策とは、男性同士の性行為が親子間の近親相姦と同じようにタブー視されるように仕向けるというものであり、その結果「この法規はいったんそれが充分神聖なものとされれば、それはすべての心を隷属させ、定められた法律に、恐怖をもって完全に服従させるだろう」と言うのである（838E–839D）。

その後の同性愛がたどった不幸な歴史を考えるならば、これは呪われた予言としか言いようがない。中世のキリスト教哲学者トマス・アクィナスは、「ソドム人の罪（ソドミー）」すなわち同性間の性行為を「自然本性に反する罪」の一つとみなし、それは「自然本性を秩序づけているものである神そのものに対する不正」にほかならないと断ずることになる（『神学大全』IIa-IIae q.154, a.11, a.12、大鹿・渋谷訳 一九九一、九一–九七頁）。こうした考え方が長く影響力を保つことになった歴史の経緯を、プラトン自身が知ったならば喜んだかどうかはわからない（ただし、キリスト教の歴史がはじめから同性愛の弾劾一辺倒だったわけではないことについては、ボズウェル 一九九〇［原著一九八〇］）。プラトン自身は、「事態は今日、たとえこの場合でさえも、それが実現可能とは思われないところに来ている」（839C）とアテナイからの客人に語らせているように、この呪われた予言が実現するとはよもや考えていなかったように思われる。

男性同士の愛を、かたや称揚しているように見える『饗宴』、かたや批判しているように見える『法律』。両者の違いをプラトン自身の見解の変化に帰する解釈も試みられている（cf. Rist 1997）。さらにこの点は、同性愛に対するプラトンの態度をどのように解釈すればよいのかをめぐる論争も生んできた。その論争の思わぬ舞台となった一つに、一九九〇年代にアメリカ合衆国コロラド州憲法のある修正条項をめぐって争われた裁判がある（ローマー対エヴァンズ、一九九六年判決。紙谷 一九九九、大野 二〇一二）。そのなかで問われたのは、同性愛に対する非難はキリスト教の伝統的道徳を離れて普遍的に正当化されるのか、という点であった。この点について意見を求められた専門家証人として、先にも名をあげたジョン・フィニスらが正当化されるという見解を擁護したのに対して、リベラルな立場を取る哲学者マーサ・ヌスバウムがそれに真っ向から反対した（Finnis 1994, Nussbaum 1994; cf. Clark 2000）。その文脈で、キリスト教の伝統以前の哲学者の権威として取り上げられたのが、特にプラトンだったのである。フィニスらが『法律』に注目したのに対して、ヌスバウムは『饗宴』などの作品のほうを重視したことは言うまでもない。

4　「出産」を求める愛

❖人類を永遠に存続させるための結婚

プラトンは、同性愛の味方なのか、それとも敵なのか。しかしおそらくは、こうした二者択一の問い自体が、そもそも単純すぎるのだろう。私たちが探るべきなのは、一見まったく異なるように見える『饗宴』のプラトンと『法律』のプラトンとをつなぐ糸である。そして、そのような糸を探る手掛かりが、やはりムソニウス・ルフスにある。彼は本章のはじめに引用した議論のなかで、男性同士の性行為のことを「自然本性に反した大それた行ない（*tolmēma*）」だと語っていた（XII「性行為について」）。これは、すでに引用したプラトン『法律』の一箇所（636C–D）で用いられていた言葉を、そのまま借りたものにほかならない（なお、ここで仮に「大それた行ない」と訳しておいた *tolmēma* という一語は、プラトン『法律』の解釈に関係して、フィニスらとヌスバウムとのあいだで激しい非難の応酬の焦点となったことで知られる。フィニスらが既存の訳に基づいてこれに「罪」という否定的な意味をあてたのに対して、古典学者としても名高いヌスバウムは非難の含意はない「大胆さ」という程度の意味で解すべきだと反論している〔Finnis 1994, pp.1058–60; Nussbaum 1994, pp.1626–1630〕）。

ムソニウス・ルフスとプラトン『法律』は、単に言葉の上で対応しているだけではなく、どうして男女間の性行為が「自然本性に即した」ものであるのに対して男性同士の性行為が「自然本性に反した」ものとされるのか、その論拠の点でも類似している。プラトン『法律』では、男女間の性行為が「自然本性に即した生殖のための交わり」と言われているのに対して、男性同士の性行為が避けられなければならないとされるのは「人類を意図的に絶滅させることもなく、根づいて自然にみずからの実を結ぶことの決してない、岩や石の上に種子を蒔くこともないように」するためであった（838E–839A）。ここからわかるように、性行為は生殖につながるものである限りで「自然本性に即した」ものだと考えられているのである。同じようにムソニウス・ルフスも、先に見たように男女のカップルによる結婚が「自然本性に即したもの」であることの根拠を説くなかで、「人間の製作者が望んだのが、両者が一緒にいて共に生き、生活に必要なものを互いにまかない合い、子をつくり育てることを一緒に行なって、その結果われわれの種族が永遠に存在するようになることであるのは、明らかではないか」と論じている（XIV「結婚は哲学することの妨げになるか」）。

人類を永遠に存続させるための結婚という、ここでムソニウス・ルフスが論じている考え方も、プラトン『法律』の次のような一節に見られるものであった。「男子は三十歳に達したなら、次のことを念頭において、三十五歳までに結婚しなければならない。すなわち、人間の種族は、自然本性にしたがってある意味において不死にあずかっており、ひとはすべて、その不死への欲求を、生まれながら、さまざまのかたちにおいて持っている。〔……〕人間の種族は、次のような仕方によって不死なものとなっている。すなわち、つぎつぎと子どもを残して、〔種族としての〕同一性を永遠に保ちながら、出産によって不死にあずかる、という仕方によって。そこで、みずから意志してこの事実に背を向けることは、断じて敬虔なことではない。しかも、子供や妻をなおざりにする者は、意図してこれに背を向けているのである」（721B–C）。

子どもをのこすことを通してある意味での永遠と不死にあずかる、ということで見られる発想は、プラトンの『饗宴』と『法律』をつなぐ糸を探るうえで鍵となる。この『法律』の議論は、『饗宴』の次のような議論を念頭に置きつつ書かれたと考えられるからである。『饗宴』のなかでそうした議論が登場するのは、愛（エロース）を賛美する演説のトリを飾るソクラテスの演説――ただしソクラテスは途中からディオティマという巫女から聞いたという教説を語ることになるのだが――においてである。ソクラテスによると、ディオティマは次のような謎めいた教えを説いたという（206C–207A）。すなわち、「すべての人間は肉体と魂の両面で身ごもっている」のであり、そこで求められているのは「美しいもののなかでの出産」である。そして、人がそのような「出産」を求めるのは、「死すべきものにとっては、出産は永遠なるもの、不死なるものだから」なのだ、と。愛というものの根源にあるのは、永遠と不死への欲求があるのだと言うのである。ここで言われる「出産」とは、まず肉体の面では、男性と女性が性行為を通して子どもをつくることを指している。人間は、それぞれの人として永遠に生き続けることはできないけれども、子どもをあとにのこすことによってある意味での永遠と不死にあずかることができる、というわけである（207D）。まさにこれが、プラトン『法律』やムソニウス・ルフスに見られた議論のオリジナルであった。

❖「肉体の面での愛」から「魂の面での愛」へ

しかし、ディオティマの教説において重要なのは、人間は肉体の面だけではなく、魂の面でも出産すると言われ、しかも後者のほうがより優れているとされる点である（208B–209E）。魂の面での出産の場合に「子ども」にあたると考えられているのは、愛する相手との対話を通して生み出されるとされる、不死の名声をもたらすような優れた業績や作品などである。ディオティマは次のように説く。

「思うに、美しい人に触れ、美しい人とつきあえば、その人は以前から身ごもっていたものを生み、出産し、そばにいようと離れていようと、美しい人を思い出し、そして出産されたものをその相手と共同で一緒に育て上げ、その結果、そのような人たちは、子どもをもつ場合の互いに対する結びつきよりも、はるかに大きな結びつき（*koinōnia*）と、より確固とした愛情（*philia*）をもつことになる。なぜなら、彼らはより美しく、より不死なる子どもを共有しているから」（209C）と。

ディオティマの教説は、まだ終わらない。彼女は愛（エロース）の最終奥義として、「美の階梯」として知られる次のような教えを説いていく（209E–212A）。正しい愛の道は、一つの美しい肉体を愛するところから始まるが、どの美しい肉体も同じ美しさを宿していることに気づいたならば、一つの肉体に執着することをやめて、すべての美しい肉体を愛するようになる。次に、肉体の美しさよりも魂の美しさのほうが、さらには人間の営みやならわしに宿る美しさのほうが、ずっとすばらしいものであることに気づき、肉体の美しさを些細なものとみなすようになる。その後、それらよりもはるかに価値があるさまざまな知識の美しさにまで導かれたのち、最終的にたどりつくとされる究極的なもの、それが「まさに美であるところのものそれ自体」——真に永遠にあるところのいわゆる「美のイデア」——である。

愛（エロース）を「知への愛」——すなわち「知（ソフィア）を愛すること」としての「哲学（フィロソフィア）」——にまで高めるこの議論について、ここで詳しく検討することはできないが、いま注目しておきたいのは次の点である。まず、「肉体の面で身ごもっている者たちはいっそう女性の方に向かう」（208E）と（男性目線から）言われているように、肉体の面での愛が男性と女性のあいだの関係と考えられているのに対して、魂の面での愛は――そして愛の最終奥義については「ただしい少年愛（パイデラスティア）」（211B）と呼ばれているように――どうやら男性同士の関係に主眼が置かれているようである（ただし最終奥義では、愛はもはや一対一のカップルの関係であることすら離脱しているのだが）。以上のようなディオティマの教説の全体と比べてみると、プラトン『法律』やムソニウス・ルフスの結婚論はさしずめ、その全体のなかでもっとも低次の肉体の面での愛だけを切り取ったものだと言えるだろう。

5 「プラトニック・ラブ」

「プラトニック・ラブ（プラトン的な愛）」という言葉の発祥は、いま見てきたプラトン『饗宴』におけるディオティマの教説にある。「プラトニック・ラブ」という言葉は現在では一般に「肉体的な欲望や関係をともなわない精神的な愛」という意味に解されているが、ディオティマが実際に説いていることは特に最終奥義を見る限り少し異なる。愛の究極的なあり方は、たしかに「精神的な愛」と呼んでもよいかもしれないが、肉体的な欲望や関係をともなわないわけではなく、むしろそれを出発点とするとされていたからである。とはいえ、肉体関係が低次のものとみなされており、いわば愛の「脱肉体化」が目指されていることは否定できないだろう。そしてこの点は、プラトンは同性愛の味方なのか敵なのか、という先の問いにどのような答えを与えるかにも、微妙な影を落とすのである。

ここで取り上げたいのが、同性愛を正面から描いたＥ・Ｍ・フォースターの小説『モーリス』である（一九一四年には執筆を終えていたが、出版されたのは著者没後の一九七一年）（Orrells 2011, pp.218–234）。この小説のなかで、互いに惹かれあっていく二人の男子学生モーリスとクライヴは、自分たちが心にひそかに抱く思いを言い表わしている言葉をプラトンの著作のなかに――ただし講読の授業では「ギリシア人たちの言語道断な悪徳」に触れた箇所という理由で省略されてしまう箇所に（フォースター 一九九四［原著一九七一］、七五頁）――見出していく。「聖書によって巻き起こされた恐怖を、プラトンが鎮めてくれた。『パイドロス』を初めて読んだときの興奮は忘れることができない。クライヴはそこに、自分の病が冷静さを持った繊細な言葉で語られ、ほかの情熱と同じように善い方向にも邪悪な方向にも導きうる一つの情熱として語られているのを見た。放埓を誘う記述はまったくなかった」（フォースター 一九九四［原著一九七一］、一〇二頁）。

ここでクライヴが読んだとされているのは、『饗宴』と並ぶ「プラトニック・ラブ」の古典『パイドロス』である（日本語訳：藤沢訳 一九六七。以下の引用では一部改変）。この作品ではソクラテスが愛（エロース）を称讃する弁論を展開しているが、そのなかに堕落した愛と優れた愛が比較される箇所がある。それによると、堕落した愛にとらわれた男は「快楽に身をゆだね、四足の動物のようなやり方で交尾して子を生もうとし、放縦になじみながら、自然本性に反した快楽を追いかけることを、おそれもしなければ恥じもしない」（250E–251A）とされる。ここで言われているのが、男性同士の肛門性交なのか、異性間の後背位性交なのかで解釈は分かれているが（cf. Vlastos 1981, p.25 n.76）、いずれにしても（性器の挿入をともなう）肉体関係のことを言っているのは間違いない。これに対して、優れた愛にとらえられた男は、強い欲望に突き動かされつつも、愛する少年に対してつつしみとおそれの念を抱き、またその少年のほうも、自分を愛してくれる男に愛情を感じて共寝しつつも、最後まで受け入れることは拒むとされるのである（251A–256B）。クライヴが『パイドロス』のなかに「放埒を誘う記述はまったくなかった」と言っているのは、このように優れた愛から最終的な肉体関係が排除されている点を指しているのだろう。

しかし、まさにこの点をめぐって、クライヴとモーリスは最終的に仲違いすることになる。クライヴは、男性同士の愛は肉体関係抜きのものにとどまらなければならないと考え、最終的には良家の女性と結婚する人生を選ぶ。それに対してモーリスは、身分の低い猟場番アレクと肉体関係を結んで次第に愛を育み、最終的にはそのアレクと共に生きる道を選ぶのである。二人が最後に顔を合わせる場面で、クライヴがモーリスに対して「だが、いくら何でも——男同士の関係を正当化する唯一の理由は、それが純粋にプラトニックであるということじゃないか？」と問いかけると、モーリスは次のように言い放つ。「わからんね。ぼくはただ自分のしたことを報告に来ただけだ」（フォースター 一九九四［原著一九七一］、三五九–三六〇頁）。「自分のしたこと」とは、つまりは「アレクとすべてを分かち合った」——「肉体も含めて」——ということにほかならない。モーリスの——そしておそらくは著者フォースター自身の——「プラトニック・ラブ」の世界からの決別を象徴する、印象深い場面である。

プラトンに欠けているもの、それは肉体関係をともなう愛をあるがままに肯定することである。モーリスが「プラトニック・ラブ」から決別したのも、まさにこの点に満足できなかったからだろう。同性愛に対するプラトンの態度をどのように評価するかも、この点をどのように見るかによって変わってくる。たしかに『饗宴』や『パイドロス』には、クライヴがみずからの抱える思いの表現をそこに見出したように、同性に対するエロティックな情熱をいわば昇華し理想化したような記述がある。しかしそのことは、『法律』に見られるような同性間の肉体関係に対する否定的態度と両立しないわけではない。なぜなら、一方では同性間の肉体関係を否定しつつ、他方で同時に同性に対するエロティックな愛を――ただし「脱肉体化」した限りで――賛美する、ということは十分に可能だからである。

6　「愛する二人の全面的な混和」

❖プルタルコス『愛をめぐる対話（エロース談義）』

こうした「プラトニック・ラブ」における「脱肉体化」の問題を考えるうえでよい導きとなるのが、ムソニウス・ルフスとほぼ同時代の作家プルタルコス（後五〇年以前－一二〇年以降）の佳品『愛をめぐる対話（エロース談義）』である（日本語訳：伊藤訳 二〇一一、柳沼訳 一九八六。以下の引用では伊藤訳を一部改変）。この作品は、イスメノドラという裕福な女性が自分よりもずっと年下の美少年バッコンに求愛して略奪するという（当時の常識からすると）珍事を背景にして、少年愛称讃派（プロトゲネス、ペイシアス）と夫婦愛称讃派（ダプナイオス、アンテミオン）との論戦を通して進められ、最終的にはプルタルコス本人による夫婦愛称讃の議論を経て、イスメノドラとバッコンがめでたく結ばれる婚礼へと人びとが向かう場面で閉じられる。この作品で興味深いのは、プラトン主義者であった著者の手によるものだけあって、少年愛称讃派と夫婦愛称讃派のいずれもが、プラトンを巧みに援用して議論を展開している点である（Rist 2001, Hunter 2012 ch.5）。

たとえば少年愛称讃派のプロトゲネスは言う。「［男女の性行為は］生殖にとって不可欠であり、そのために立法者たちは大衆に向かってことさらに物々しく声を大にしてこれを褒めちぎるわけだ。だが、正真正銘の愛（エロース）は、閨房とは何であれいかなる関わりもなく、私に言わせてもらえば、君たちが婦人方や娘たちに感じるものは愛などではないのだ。［……］［食欲の場合］と同じように、女と男が相互から得る快楽を必要とするのは、まさしく自然本性によるもの。それを目指して駆り立てる衝動が激烈かつ強力の度を越えて、ほとんど抑えの利かなくなってしまったら、これを愛と呼ぶのは間違いだ」（750C–D）。プラトン『法律』では男女間の性行為が生殖につながるものであるという理由で「自然本性に即した」ものとされていたが、ここでプロトゲネスはそれを逆手に取っている。すなわち、男女間の性行為を求める欲望が「自然本性によるもの」であることは、むしろそれが食欲のような低次のものにすぎないことを示しているのであり、高尚な正真正銘の愛は別のところ、つまり男性同士の少年愛に求められるのだ、というわけである。

これに対して夫婦愛称讃派が問い直すのは、肉体関係としての性行為そのものがもちうる意義である。夫婦愛称讃派のダプナイオスによると、「女と男の自然本性にかなった愛の交わり」こそが「思いやりを経て真の愛情へと行き着く」ものであるのに対して、「男同士の場合、同意がなければ力ずくのことになり、掠奪ということになるか、あるいは同意があれば、プラトンに言わせれば、〈四足の動物のようなやり方で交尾して子を生もうとすること〉を〈自然本性に反して〉承諾し、なよやかな女の風情を演出してやってのけるということになるか、そのいずれかなのだが、とにかくこれは完全に思いやりなきやさしさ（*acharis charis*）、アプロディテを侮辱する醜行というもの」だと言う（751C–E。プラトンの引用は先に引いた『パイドロス』250E–251Aから）。つまり、男女間の性行為の場合には肉体関係そのものを通して相互的な愛情が正しく育まれるのに対して、男性同士の性行為の場合にはそのようにはならない、とされるのである。

❖古代における少年愛の規範

ここで奇妙に思われるのは、男性同士の肉体関係にはまっとうな相互的愛情がともなうことはない、という前提である。実はこの点は、古代における少年愛のあり方を律していた規範に由来する。少年愛の関係においては年齢に応じた能動・受動の役割分担が定められていたことはすでに触れたが、受動側の少年にはさらに次のような規範が課されていた。それは、受動側にあることに欲望や快楽を感じてはならず、また相手の性器の自分の身体（肛門や口）への挿入を許してもならない、という規範である。これは、当時の観念では性的な能動・受動の役割分担が社会的な支配・従属と重ねられて捉えられており、したがって肉体的にみずから進んで受動側になることは、将来的には女性や奴隷を支配する側に立つ市民になるべき身にはふさわしくないとみなされたからである。これに対して女性は、肉体的に挿入されることに一般に快楽をいだくものだと考えられていた。したがって、少年が相手に向けるのはせいぜい醒めた「親愛」のみであり、仮に身体を許すとしても愛のない奉仕──プルタルコスの言う「思いやり（*charis*）なきやさしさ（*charis*）」──にとどまるのに対して、女性は真に「愛し返す」ことができるとされたのである。ただしそれが、女性は従属することによろこぶ、という現代ではとうてい認めがたい前提とセットであったことも見逃せない（なお逆に近代になると、女性には性的な欲望や快楽を認めない規範が広まることになる〔その背景についてはラカー　一九九八〔原著一九九〇〕〕）。

プラトンの『饗宴』や『パイドロス』で展開されていた愛（エロース）の教説にも、この少年愛の規範が影を落としていた。D・M・ハルプリンは、プラトンによる愛の理論がもつ二つの特徴として、「創造性」──すでに見たように愛は「出産」を求めるとされる点──とともに、「相互性（互恵性）」をあげている（ハルプリン　一九九五〔原著一九九〇〕、６章）。「相互性」と言われているのは、プラトンによる愛の理論では、受動側の少年のほうも能動的に「愛し返す」ようになる、とされている点のことである。とりわけ『パイドロス』のなかで、「彼を恋している人がそばにいれば、その人と同じように彼のもだえはやみ、はなれていれば、またも同じように互いにせつなく求め合う。ほかでもない、自分ではそれを恋ではなく、親愛だと思って、そう呼んではいるものの、彼の心にやどるものは、映ってできた愛の影、こたえの愛（アンテロース）なのだから」（255D–E）と言われている通りである。

ハルプリンが指摘している興味深い点は、この「相互性」と「創造性」はいずれも、当時の観念に従えば「女性的なもの」、すなわち女性の性愛において見出されると考えられていたものだという点である。プラトンはこの両要素を、女性不在の男性同士の関係へと横領（appropriate）して取り込んだと言えるのである。ただしプラトンによるその取り込みは、すでに見たように「脱肉体化」というフィルターを通した愛の次元で行なわれた。そうすることで、少年愛の規範を回避することが可能になり、肉体的に挿入され従属することに「女のように」よろこんでいるとみなされることなく、愛される少年側も能動的に「愛し返す」ことができるようになったのである。「脱肉体化」は、言ってみれば、愛（エロース）がすぐれた仕方で相互的かつ創造的なものとなるための代償であった。

❖男女の肉体関係の新たな位置づけ

これに対して、プルタルコス『愛をめぐる対話』における夫婦愛称讃派は、男女間の肉体関係において快楽と欲望の相互性が見出されることにあらためて注目し、その肉体の面での相互性を魂の面での愛の相互性を育むものとして新たに位置づけ直したと言えるだろう（フーコー 一九八七〔原著一九八四〕、第六章1）。そのように夫婦間の肉体関係を通して魂の面でも相互的な愛が育まれるさまを、著者プルタルコス自身が作品のなかに登場して、次のように理想化して語っている。「ちょうど二種類の液体を混ぜ合わせたように、最初は愛が何か湧き立たせたり、くらくらさせたりするかの如くに見えるけれども、やがて時とともに鎮まり、きれいに澄んできて完璧に安定した状態になる。これこそ正真正銘のいわゆる全面的な混和（*di'holōn krasis*）、愛する二人の全面的な混和というものだ」（769E–F）。ここで結婚の理想が（自然学の用語を借りて）「全面的な混和」と説明されているのは、アンティパトロスというストア派の哲学者（前二世紀）の議論に依拠したものである。アンティパトロスがこの言葉に込めたのは、「財産や、万人にとって何よりも愛しい子どもたちや、魂だけでなく、肉体もまた共有するのは夫婦だけだから」（断片63・ストバイオス『抜粋集』IV.67.25、山口・中川訳 二〇〇六、二六四頁）と言われているように、相互的な愛情に基づく肉体と魂の両面を含めた結びつきという意味合いであった。

ムソニウス・ルフスもまた、アンティパトロスに従って相互的な愛情に基づく肉体と魂の両面での結びつきを結婚に求めているが、その議論にはプラトンによる「脱肉体化」した愛の理論に対する対抗が暗に込められている（Reydams-Schils 2005, ch.5）。すでに見たように、プラトン『饗宴』におけるディオティマの教説では、男女間の肉体の面での愛に比べて、魂の面での愛で結ばれた男性同士のほうが、「はるかに大きな結びつき（*koinōnia*）と、より確固とした愛情（*philia*）をもつことになる」（209C）と言われていた。これに対して、ムソニウス・ルフスは次のように論じている。「男と女の結びつき（*koinōnia*）以上になくてはならず、かつ愛情に満ちた結びつきを、他に見出すことはできないだろう。〔……〕肉体であれ魂であれ財産であれ、すべてのものが共有であるということを、夫婦の場合以外に誰について考えられるだろうか。だからこそ、夫婦の愛情（*philia*）こそあらゆる愛情のなかで至高のものだと、すべての人びとが考えるのである」（XIV「結婚は哲学することの妨げになるか」）。

さらに、このような考え方が成立した背景として、男性と同じように女性とも精神的な愛によってつながりうるということが、ようやくこの時代になって認められるようになったという点も指摘しておかなければならない。プルタルコスでは、真の愛が「少年や若者には呼び起こされるが、娘や婦人には呼び起こされないなど、どうしてありえようか――ましてや純粋で節度ある性格が姿形の花の盛りとその優雅さを通り抜けて輝き現われるとなれば」（766E-F）と言われているように、男性のみならず女性もまた高尚な愛の相手になりうることが強調されている（ただしプルタルコスの『結婚訓』などはいわゆる「夫唱婦随」の勧めという色彩が濃く、現代的な男女平等の理想からは程遠いが）。ムソニウス・ルフスもまた、女性に求められる徳と男性に求められる徳は同じであること（III「女性も哲学すべきであること」ストバイオス『抜粋集』II.31.126）、したがって女性にも男性と同じ教育を授けるべきであること（IV「娘も息子と同じように教育すべきか」ストバイオス『抜粋集』II.31.123）など、当時としては革新的な考えを説いている。興味深いことに、このような男女平等論もプラトンに由来を辿ることができるが（『国家（ポリテイア）』第五巻のいわゆる「第一の大浪」〔451C-457B〕）、その点についてはこれ以上立ち入らないでおこう（Nussbaum 2002）。いずれにせよこうした考え方によって、魂の面での愛を男性同士の「脱肉体化」した関係においてしか（少なくとも明示的には）認めていなかったプラトンとは異なり、むしろ肉体と魂の両面での「全面的な混和」が成り立つ「夫婦」こそが特権的な愛の関係とみなされるようになったのである。

7　古代から照らす現在と未来

❖ムソニウス・ルフスは同性婚に賛成するか

はじめの問題意識に戻って、あえて次のように問うてみよう。ムソニウス・ルフスが現代に甦ったならば、同性婚に賛成するだろうか、それとも反対するだろうか、と。このあからさまに時代錯誤の問いに対して、ストレートに答えることができないことは当然だろう（古代ローマの資料には、ネロ帝が男奴隷と結婚式を挙げたという逸話など、男性間の「同性婚」への言及が見られるが、いずれもゴシップめいた伝承にすぎず、また、一方が女役を担うことが前提されていることから見て、現代の同性婚で一般に考えられるような対等な同性カップル間の結婚は社会的に想定されていなかったと考えられる〔Williams 2010, pp.279–286〕)。しかし、ここまでの検討を踏まえてムソニウス・ルフスの思考の動きをあらためて見るならば、表面的には同性婚を認めるとは思えない主張をしていたにもかかわらず、現代に甦った彼が同性婚に賛成する側に「寝返る」可能性はむしろ高いと考えられる（cf. Skinner 2014, pp.396–397)。そのことを確認することで、本章を締めくくることにしたい。

はじめに見たように、ムソニウス・ルフスは結婚の要点を、子を生み育てることと相互的な愛情の二点に求めていた。彼は「人びとから結婚を取り去り破壊する者は、家を破壊し、ポリスを破壊し、人類全体を破壊していることになる。なぜなら、それは子が生まれることがなければ存続しないし、結婚がなければ子は生まれないから——少なくとも正しく法に適った仕方では」（XIV「結婚は哲学することの妨げになるか」）と言っているように、結婚の社会的意義として生殖という要素を相当に重視していることは確かである。そして、結婚というものを生殖を本質的にともなうような結びつきとして捉えるのであれば、たしかに同性婚というものは認められないことになるかもしれない。もっとも現在では、さまざまな仕方で子育てに参与している同性カップルは珍しくないのだから、この点すら同性愛者を結婚から排除する理由にはならないだろう。

もっと重要なのは、子を生み育てることと相互的な愛情の二点のうち、ムソニウス・ルフスがどちらを結婚にとってより中心的と考えていたかという点である。この点について、彼が相互的な愛情のほうをより重視していたことは、次の議論からわかる。「この［結婚の］絆によって人間が生まれることとは、偉大なことではある。とはいえ、このことは結婚する者にとっていまだ十分ではない。そのこと自体は、結婚以外の仕方でも、動物が交わるのと同じような仕方で交わりさえすれば、生じうるからである。結婚においては、夫と妻とのあいだに、健康のときも病気のときも、またどんな状況においても、あらゆる面での共同生活と配慮がなければならない。そうしたことを子づくりとともに目指すからこそ、両者は結婚に至るのである」（XIII A「結婚の要点とは何か」）。

この相互的な愛情という面に関しては、同性カップルを排除する理由がないことは明らかだろう。

肉体と魂の両面での「愛する二人の全面的な混和」は男女間にしか成立しないという考えが、男性同士の肉体関係に「相互性」はありえないとする少年愛の規範の残滓《ざんし》によるものだったことは、すでに見た通りである。しかし現代において、このような前提を同性愛の関係――そこには古代の哲学者の頭にはほとんど浮かばなかったらしい女性同士の関係も含まれるだろうが――にあてはめる者は、おそらく誰もいないだろう。かつての解釈に見られたように（フラスリエール 一九八四〔原著一九六〇〕、特に第六章）、ムソニウス・ルフスやプルタルコスら古代ローマの哲学者による議論を、プラトン的な「倒錯」した同性愛から「正常」な異性愛への進歩として捉えるのも的外れだろう。彼らの議論のポイントは、むしろプラトン的な「脱肉体化」した愛から肉体と魂の両面での愛へ、という動きを進めたところにあったからである。その動きの先に、モーリスによる反プラトン的な愛の肯定を、そして現代の同性婚を位置づけることは、それほど難しいことではない。

❖残された「愛」の別の可能性

これでめでたしめでたし、と言いたくなるところではある。しかし、ここでまったく別の角度から、次のようなラディカルな問いを立てることがなお可能であるように思われる。すなわち、一対一のカップル――異性間であれ同性間であれ――の愛を、しかも肉体と魂の両面での結びつきとして理想化したうえで、どうして「結婚」というかたちで特権的な絆として認めなくてはならないのか、という問いである。ここで想起されるのは、本章ではこれまで振り返ることがなかった議論、プラトン

『饗宴』におけるディオティマの最終奥義である。そこでは、愛というものを一人の相手への執着から解放する方向に進む教えが説かれていた。私たちが学ぶべきはむしろそのような愛ではなかろうか。

プラトンの主著『国家（ポリテイア）』のなかで提案されている「妻子共有論」（457B–471C、藤沢訳一九七九）は、そのようなラディカルな愛の解放を実現化する方策を示したものと言えるかもしれない。その提案によると、支配者階級においては一夫一婦間の「結婚」は廃止され、文字通りの意味で全員が「家族」になるのである。初期ストア派の哲学者も（後のムソニウス・ルフスとは異なり）、賢者たちの「愛（エロース）」の共同体を次のように構想したとされる（Schofield 1991, ch.2; Gaca 2003, ch.3）。「賢者たちのあいだでは、女性たちは共有であるべきだから、誰でもたまたま出会った男と女とが交わりを結ぶことになる。［……］もしそうであれば、われわれはすべての子どもに対して平等に父親としての愛情をいだくであろうし、また姦通に基づく嫉妬も取り除かれるであろう」（ディオゲネス・ラエルティオス『哲学者列伝』VII.131、加来訳 一九八四–九四、中二〇六–二〇七頁）と。

しかし、私たちは一挙に遠くに来すぎてしまったかもしれない。いずれにせよ、このような「愛」の別の可能性を探るためには、本章とは異なる考察が必要だろう。ここでは、古代ギリシア・ローマの哲学が、本章で見てきたように愛と結婚の現在と近未来を照らし出すだけでなく、もしかしたら遠い未来のヴィジョンも示してくれるのかもしれないという可能性を垣間見たところで、ひとまず満足して論を終えるとしよう。

（1） プラトンとプルタルコスの作品への参照は、慣例に従い、十六世紀後半に刊行された「ステファヌス版」のページ数と段落づけ（A–EまたはA–F）による。この参照記号は基本的にどの日本語訳でも上下の欄外などに記載されている。

▒参考文献

伊藤照夫訳（二〇一一）プルタルコス『モラリア9』京都大学学術出版会。

大鹿一正・渋谷克美訳（一九九一）トマス・アクィナス『神学大全22』創文社。

大野友也（二〇一一）「同性愛者の保護を禁止する州憲法の連邦憲法適合性——ローマー対エヴァンス」『性的マイノリティ判例解説』信山社、六八–七二頁。

加来彰俊訳（一九八四–九四）ディオゲネス・ラエルティオス『ギリシア哲学者列伝』（上・中・下）岩波文庫。

紙谷雅子（一九九九）「性的性向に基づく差別から同性愛者を保護することを禁止するコロラド州憲法の修正2と第14修正の平等保護条項」『ジュリスト』1148、三二三–三二六頁。

ケルゼン、ハンス（二〇〇九）「プラトニック・ラブ」『ケルゼン著作集5 ギリシャ思想集』長尾龍一訳、慈学社出版、二一七–三四三頁（"Die Platonische Liebe", *Imago* 19 (1933), pp.34–98, pp.225–255.）

ドーヴァー、K・J（二〇〇七）『古代ギリシアの同性愛 新版』中務哲郎・下田立行訳、青土社（Dover, K., *Greek Homosexuality*, London, 1978.）

中澤務訳（二〇一三）プラトン『饗宴』光文社古典新訳文庫。

朴一功訳（二〇〇七）プラトン『饗宴／パイドン』京都大学学術出版会。

ハルプリン、デイヴィッド・M（一九九五）『同性愛の百年間——ギリシア的愛について』石塚浩司訳、法

政大学出版局（Halperin, D., *One Hundred Years of Homosexuality*, New York, 1990.）
フォースター、E・M（一九九四）『モーリス』片岡しのぶ訳、扶桑社エンターテインメント（Forster, E. M., *Maurice*, London, 1971.）
フーコー、ミシェル（一九八七）『性の歴史Ⅲ――自己への配慮』田村俶訳、新潮社（Foucault, M., *Histoire de la sexualité*, vol. 3, *Le souci de soi*, Paris, 1984.）
藤沢令夫訳（一九六七）プラトン『パイドロス』岩波文庫。
藤沢令夫訳（一九七九）プラトン『国家』岩波文庫。
フラスリエール、R（一九八四）『愛の諸相』戸張智雄訳、岩波書店（Flacelière, R., *L'amour en Grèce*, Paris, 1960.）
ボズウェル、ジョン（一九九〇）『キリスト教と同性愛――1～14世紀西欧のゲイ・ピープル』大越愛子・下田立行訳、国文社（Boswell, J., *Christianity, Social Tolerance and Homosexuality*, Chicago, 1980.）
森進一・池田美恵・加来彰俊訳（一九九三）プラトン『法律』（上・下）岩波文庫。
柳沼重剛訳（一九八六）プルタルコス『愛をめぐる対話　他三篇』岩波文庫。
山口義久・中川純男訳（二〇〇六）『初期ストア派断片集5』京都大学学術出版会。
ラカー、トマス（一九九八）『セックスの発明――性差の観念史と解剖学のアポリア』高井宏子・細谷等訳、工作舎（T. W. Laqueur, *Making Sex: Body and Gender from the Greeks to Freud*, Cambridge, MA, 1990）
リュープ、ゲイリー・P（二〇一四）『男色の日本史――なぜ世界有数の同性愛文化が栄えたのか』藤田真利子訳・松原國師解説、作品社（G. P. Leupp, *Male Colors: The Construction of Homosexuality in Tokugawa Japan*, Berkeley, CA, 1995）
Clark, R. B.（2000）"Platonic love in a Colorado courtroom: Martha Nussbaum, John Finnis, and Plato's

Laws in *Evans v. Romer*", *Yale Journal of Law & the Humanities*, 12, 1–38.

Finnis, J.（1994）"Law, morality, and "sexual orientation"", *Notre Dame Law Review* 69, 1049–1076； with additions, *Notre Dame Journal of Law, Ethics, and Public Policy* 9（1995）, 11–39.

Finnis, J.（1996）"Is natural law theory compatible with limited government?", in R. P. George（ed.）, *Natural Law, Liberalism, and Morality*, Oxford, 1–26； rpt. in Finnis 2011b（"Limited government"）, 81–106.

Finnis, J.（2008）"Marriage： A basic and exigent good", in *The Monist* 91, 396–414； rpt. in Finnis 2011b, 317–333.

Finnis, J.（2011a）*Natural Law & Natural Rights*, Second Edition, Oxford（First Edition, Oxford, 1980）.

Finnis, J.（2011b）*Human Rights & Common Good： Collected Essays： Volume III*, Oxford.

Gaca, K. L.（2003）*The Making of Fornication： Eros, Ethics, and Political Reform in Greek Philosophy and Early Christianity*, Berkeley, CA.

Hense, O. ed.（1905）*C. Musonii Rufi Reliquiae*, Leipzig.

Hunter, R.（2012）*Plato and the Traditions of Ancient Literature： The Silent Stream*, Cambridge.

King, C. tr.（2011）*Musonius Rufus： Lectures and Sayings*, with a preface by W. B. Irvine, CreateSpace.

Lutz, C. E. tr.（1947）"Musonius Rufus： "The Roman Socrates"", *Yale Classical Studies* 10, 3–147.

Nussbaum, M. C.（1994）"Platonic love and Colorado law： The relevance of ancient Greek norms to modern sexual controversies", *Virginia Law Review* 80, 1515–1651.

Nussbaum, M. C.（2002）"The incomplete feminism of Musonius Rufus, Platonist, Stoic, and Roman", in M. C. Nussbaum and J. Sihvola eds., *The Sleep of Reason. Erotic Experience and Sexual Ethics in Ancient Greece and Rome*, Chicago, 283–326.

Orrells, D.（2011）*Classical Culture and Modern Masculinity*, Oxford.
Reydams-Schils, G.（2005）*The Roman Stoics：Self, Responsibility, and Affection*, Chicago.
Rist, J. M.（1997）“Plato and Professor Nussbaum on acts ‘contrary to nature’”, in M. Joyal（ed.）, *Studies in Plato and the Platonic Tradition：Essays Presented to John Whittaker*, Aldershot, 65–79.
Rist, J. M.（2001）“Plutarch’s *Amatorius*：A commentary on Plato’s theories of love?”, *Classical Qurterly* 51, 557–575.
Schofield, M.（1991）*The Stoic Idea of the City*, Cambridge.
Skinner, M. B.（2014）*Sexuality in Greek and Roman Culture*, 2nd ed., Malden, MA.
Treggiari, S.（1991）*Roman Marriage*, Oxford.
Vlastos, G.（1981）“The individual as an object of love in Plato”, in *Platonic Studies*, 2nd edn., Princeton, NJ, 3–42.
Williams, C. A.（2010）*Roman Homosexuality*, 2nd edn., Oxford.

▒ブックガイド

プラトン『饗宴』朴一功訳（京都大学学術出版会西洋古典叢書、二〇〇七年）、中澤務訳（光文社古典新訳文庫、二〇一三年）

愛をめぐる哲学と言えばまずはこれ、という本章でも取り上げた一冊。ただし、いわゆる「哲学書」だと思って手に取ると、逆に面食らうかもしれない。広い意味での「文学作品」だと思って、まずは楽しむことをおすすめしたい。

プラトン『パイドロス』藤沢令夫訳（岩波文庫、一九六七年）、藤沢令夫訳（『プラトン全集5』、岩波書店、

一九七四年）

『饗宴』と並んで「愛（エロース）」という主題を論じたプラトンのもう一つの作品。ただし、この作品のもう一つの主題は「弁論術」。このまったく異なるように思える二つの主題がどのように関係してくるのか、それは読んでからのお楽しみ。

アリストテレス『ニコマコス倫理学』朴一功訳（京都大学学術出版会西洋古典叢書、二〇〇二年）、神崎繁訳（『アリストテレス全集15』、岩波書店、二〇一四年）、渡辺邦夫・立花幸司訳（光文社古典新訳文庫、二〇一五、二〇一六年）

「倫理学」という学問の礎《いしずえ》を築いた一冊。本章では触れることができなかったが、友人間や親子間の親愛などを含めた広い意味での「愛（フィリアー）」についての哲学的議論としては、本書の第八、九巻が古典中の古典として知られている。

ケネス・ドーヴァー『古代ギリシアの同性愛』中務哲郎・下田立行訳（青土社、二〇〇七年［原著一九七八年］）

この分野に関する現代の研究の出発点となった研究書。一般向けの解説書ではないため必ずしもわかりやすいとは言えないが、じっくり読んでいけば超一流の古典研究とはどのようなものかを味わうことができるだろう。

ミシェル・フーコー『性の歴史』全三巻　渡辺守章・田村俶訳（新潮社、一九八六、一九八七年［原著一九七六、一九八四年］）

現代フランスの哲学者ミシェル・フーコーは晩年、古代ギリシア・ローマ世界に向かった（第二、三巻）。フーコー自身の哲学的目論見《もくろみ》とは別に、純粋に歴史研究として見ても、優れた哲学者ならではの洞察が随所に光る。

第2章 聖書と中世ヨーロッパにおける愛

小笠原史樹

1　はじめに

二〇〇四年のアメリカ映画「エターナル・サンシャイン」は、互いに関する記憶を手術で消す恋人たちの物語である。監督はミシェル・ゴンドリーで脚本はチャーリー・カウフマン、主演はジム・キャリーとケイト・ウィンスレットで、複数の時間軸が交錯する展開と印象的な映像、さらに主演二人の好演とが相まって深い余韻を残す。

この映画の原題は“Eternal Sunshine of the Spotless Mind”であり、十八世紀イギリスの詩人アレキサンダー・ポープの詩、「エロイーザからアベラードへ（Eloisa to Abelard）」の一節に由来する。

How happy is the blameless Vestal's lot!
The world forgetting, by the world forgot.
Eternal sun-shine of the spotless mind!
Each pray'r accepted, and each wish resign'd;

何と幸福なことでしょう、罪を許された尼僧の運命は！
俗世を忘れ、俗世によって忘れられ。
汚れなき精神の永遠の日の輝き！
祈りはいちいち聴きとどけられ、願望はひとつづつ捨てられる。

（酒井　一九九二、一九六頁）

映画のなかにも、キルスティン・ダンストの演じる登場人物がこの部分を暗誦する場面がある。

詩の題材となったアベラールとエロイーズは、十二世紀のフランスに実在した師弟にして夫婦である。二人の年齢は約二十歳離れていたが、教師と教え子として始まった関係は、ただちに恋人同士の関係に転じた。「本が開かれてはいても、その講読に関することばよりは愛に関することばが交わされ、ことばの意義を論ずるよりは接吻を重ねることのほうが多かったのです。私の手は書物よりも彼女の胸へと伸びたものでした。書かれていることをたどるよりは、愛をたたえた眼を見つめあいました」（アベラールとエロイーズ 二〇〇九、二四－二五頁）。やがて子どもを得て二人は密かに結婚するが、アベラールによれば、エロイーズはこの結婚に強く反対したようである。「最後にエロイーズは、彼女をパリに連れ戻すのは、私にとってどんなに危険なことかと言い添えました。私の妻と呼ばれるよりは愛人と呼ばれるほうが、自分にとってはよりうれしくもあり、私にとってもより名誉なことだとも言いました」（同前、三七頁）。

「どんなに危険なことか」という指摘の通り、アベラールがエロイーズを彼女の叔父から守るために修道院へ避難させた結果、アベラールは怒り狂った彼女の親族たちから襲われ、去勢される。「ある晩のこと、私が自宅の奥まった部屋で静かに眠っておりましたときに、金を握らせて私の召使の一人を買収し、残酷きわまりない、この上なく恥ずべき復讐を私に加えて、世人を驚愕させたのです。つまりは彼らは、彼らの不満を買った行為を私がなした、私の身体の一部を切断したのでした」（同前、三八－三九頁）。

事件後、二人はともに別々の修道院に入り、修道士として生きていくことになる。修道士となって以後に交わされた往復書簡が残っているが、その内容については本章の最後で見ることにしよう。ともかくいまは、二十一世紀の初めに作られた恋愛映画に、十八世紀の詩を介して遠く中世ヨーロッパにおける愛の思想が投影されている、この重層性を確認しておくだけで十分である。

本章の前半では聖書を扱い、後半では中世ヨーロッパを扱う。聖書に関してはアガペーというギリシア語の用例に注目し、中世ヨーロッパに関しては、人間から神への愛と人間から人間への愛という二種類の愛に注目する。そのような考察を通して、聖書と中世ヨーロッパにおける愛の特徴についてわずかに素描することが、本章の目的である。

2　聖書における愛

古代ギリシアにおける愛と聖書における愛との違いは、しばしばギリシア語のエロースとアガペーの違いとして説明される。まず、この違いを検討することから始めよう。

❖古代ギリシアにおけるエロース

古代ギリシアにおいてエロースは「主として異性間あるいは同性間の性的な愛」を意味し、人間以外のものへ向けられる場合でも「性的な愛から連想されるような、激しい欲望」を意味する（中澤 二〇一三、二二六－二二七頁）。この欲望は神々の一人（あるいは、神ではなく精霊）として擬人化・人格化されており、絵画や彫刻では翼の生えた男性として、ときに弓矢をもった姿で描かれる。ローマ世界でエロースはアモル（ラテン語で「愛」の意味）やクピードー（Cupido）と呼ばれ、やがて後の時代には、恋の矢を射る幼児、いわゆるキューピッド（Cupid）のイメージで広く親しまれていくことになる。

プラトンの『饗宴』で語られているのは、ある宴会で人びとがこの神について論じ合う様子である。エロースの美しさを称讃したアガトンに対してソクラテスは、エロースは美しくないと証明してみせる。エロースは美しさを求めている。ところで、何かを求めるのはその何かをもっていないとき、その何かが欠けているときである。したがってエロースには美しさが欠けており、ゆえにエロースは美しくない。「おそらくではなく、必然的にそうなのではあるまいか——欲するものがなにかを欲するのは、それが欠けているからであり、欠けていないなら欲しなどしないということは。アガトン、ぼくには、このことが驚くほど必然的なことに思えるのだ。きみはどうだろうか?」(プラトン 二〇一三、一一一–一一九頁)。

このときエロースという神に託して示されているのは、自分に欠けている何かを求めるような、そのような欲望としての愛である。プラトン『饗宴』によれば、この愛ははじめ身体の美しさに向けられるが、次に心の美しさへと上昇し、さらに振る舞いの美しさから知識の美しさへ、最後には美しさそのものへと向けられていく(同前、一四七–一五三頁)。愛の対象が下位のものから上位のものへと上昇していく、この「美の梯子《はしご》」のエピソードにも示唆されている通り、エロースは下位のものから上位のものへ、不完全なものから完全なものへ向けられる欲望であり、いわば上昇の運動である。

したがってエロースとしての愛に関して、人間が神々を愛することはあっても、神々が人間を愛することはない。「神が人間とじかに交わることはない」(同前、一二五頁)。人間が不完全で欠如を抱えているのに対し、神々は完全な存在で、彼らには何も欠けていないからである。「エロースは神に至る人間の道であって、神が人間の方に降ってくる道では決してありえない」（ニーグレン 一九五四、一五〇頁）。

プラトンの弟子であるアリストテレスも、同様のことを述べている。アリストテレスによれば、神は「永遠にして最高善なる生者」にして「不動の動者」であり、自らは他のものから動かされることなしに他のものを動かす。その動かし方とは、欲求されるものが欲求する者を動かすような動かし方、愛されるもの（エローメノン）が愛する者を動かすような動かし方であって、すなわち神とは、自分からは何も愛することなく、一方的に他のものから愛される存在である（アリストテレス 一九六一、一五〇－一五五頁）。

❖聖書におけるアガペー

以上のように、プラトンにおいてもアリストテレスにおいても、人間は神を愛するが神は人間を愛さない、とされる。対照的に聖書においては、人間が神を愛する（愛すべきである）のはもちろん、神もまた人間を愛する、と考えられている。

以下、この点に関わる聖書の記述を見ていく。聖書は旧約と新約に分けられるが、『旧約聖書』がユダヤ教とキリスト教の聖典であるのに対し、『新約聖書』はキリスト教のみの聖典である。前者を旧約（古い契約）、後者を新約（新しい契約）と呼ぶのはあくまでもキリスト教の観点によるものであり、近年はより中立的に『旧約聖書』を、ヘブライ語で書かれていること（ただし、部分的にアラム語で書かれている）に注目して『ヘブライ語聖書』と呼ぶ場合もある。いずれにせよ、神が人間を愛することについては、『旧約聖書』でも『新約聖書』でも明確に語られている。たとえば、『旧約聖書』の『申命記』には次のような文章が見られる。

主が心引かれてあなたたちを選ばれたのは、あなたたちが他のどの民よりも数が多かったからではない。あなたたちは他のどの民よりも貧弱であった。ただ、あなたに対する主の愛のゆえに、あなたたちの先祖に誓われた誓いを守られたゆえに、主は力ある御手をもってあなたたちを導き出し、エジプトの王、ファラオが支配する奴隷の家から救い出されたのである。(『申命記』七章七－八節[1])

この「あなたに対する主の愛」は、もはや古代ギリシアにおけるエロースの概念によっては説明され得ない。神は完全であるため何も欠けておらず、何も求める必要がない。にもかかわらず神はイスラエルの民を愛する。しかもその理由は、イスラエルの民が愛するに値するからではなく、むしろ彼らは「他のどの民よりも貧弱」だった。

神は人間を愛して何かを得るのではなく、逆に『新約聖書』には、神が人間を愛して「独り子」を犠牲にする、と書かれている。「神は、その独り子をお与えになったほどに、世を愛された。独り子を信じる者が一人も滅びないで、永遠の命を得るためである」(『ヨハネによる福音書』三章一六節[2])。「しかし、わたしたちがまだ罪人であったとき、キリストがわたしたちのために死んでくださったことにより、神はわたしたちに対する愛を示されました」(『ローマの信徒への手紙』五章八節)。

このような神の愛を表わす言葉として用いられているのが、ギリシア語のアガペーである。『新約聖書』はギリシア語で書かれているが、「世を愛された」や「わたしたちに対する愛」と訳されているギリシア語はアガペーやその動詞形であり、エロースではない。また、すでに述べた通り『旧約聖書』はヘブライ語で書かれているが、七十人訳と呼ばれるギリシア語訳があり、『申命記』の「あなたに対する主の愛」の部分にも、七十人訳ではやはりアガペーの動詞形が用いられている。(3)

エロースとアガペーの違いは明らかである。エロースとは、自分に欠けている何かを求める欲望であり、下位から上位へ向けられる上昇の運動だった。しかしアガペーとは、何かを求めるのではなく与えようとする愛であり、下位から上位ではなく上位から下位へ、完全なものから不完全なものへ向かう、下降の運動である。エロースが「神に至る人間の道」であるとすれば、アガペーは「神御自身の人間に至る道」、「神が人間のもとに来るため作り給うた道」であり、同時に「人間が神へ行く道」でもある（ニーグレン 一九五四、四九頁）。

❖さまざまなアガペー

しかし以上の整理は、神から人間へのアガペーのみに注目したものであり、いまだ限定的なものでしかない。聖書においてアガペーは神の愛としてだけでなく、他の意味でも用いられている。

『新約聖書』の『マルコ福音書』には次のように記されている。

彼らの議論を聞いていた一人の律法学者が進み出、イエスが立派にお答えになったのを見て、尋ねた。「あらゆる掟のうちで、どれが第一でしょうか。」イエスはお答えになった。「第一の掟は、これである。『イスラエルよ、聞け、わたしたちの神である主は、唯一の主である。心を尽くし、精神を尽くし、思いを尽くし、力を尽くして、あなたの神である主を愛しなさい。』第二の掟は、これである。『隣人を自分のように愛しなさい。』この二つにまさる掟はほかにない。」（『マルコによる福音書』一二章二八－三一節）

神から人間への愛以外の愛が三つ、この箇所に見出される。すなわち人間から神への愛、自分への愛（自分のように愛しなさい＝自分を愛するように愛しなさい）、隣人への愛、という三つである。「愛しなさい」の元のギリシア語はアガペーの動詞形であり、したがってこれら三つの愛もまたアガペーの一種として理解され得る。なお、『　』内は『旧約聖書』の『申命記』（六章四－五節）と『レビ記』（一九章一八節）からの引用であり、基本的に七十人訳と一致している[4]。

山上の説教でイエスが「敵を愛し、自分を迫害する者のために祈りなさい」と命じる際の、この「愛」もアガペーの動詞形である（『マタイによる福音書』五章四四節）。

さらに『旧約聖書』から四箇所、引用する。「イサクは、母サラの天幕に彼女を案内した。彼はリベカを迎えて妻とした。イサクは、リベカを愛して、亡くなった母に代わる慰めを得た」（『創世記』二四章六七節）。「イサクはエサウを愛した。狩りの獲物が好物だったからである。しかし、リベカはヤコブを愛した」(『創世記』二五章二八節)。「ダビデがサウルと話し終えたとき、ヨナタンの魂はダビデの魂に結びつき、ヨナタンは自分自身のようにダビデを愛した」(『サムエル記上』一八章一節)。「エルサレムのおとめたちよ/野のかもしか、雌鹿にかけて誓ってください/愛がそれを望むまでは/愛を呼びさまさないと」(『雅歌』三章五節)。それぞれ夫から妻への愛、親から子への愛、友人への愛、恋人への愛と読める。七十人訳ではこれらの「愛」に関しても、アガペーやその動詞形が使われている。

これらさまざまなアガペーを一括りに、与える愛や下降の運動として性格づけることはできない。特に人間から神へのアガペーは、与える愛ではなく求める愛、下降の運動ではなく上昇の運動にほかならない。かつ人間同士のアガペーは当然、求める愛や上昇の運動としての側面、古代ギリシアにおけるエロースとしての側面をもつ。

❖さまざまなアガペーの関連性

ただし、いくつかのアガペーを互いに関連づけることはできる。『新約聖書』の『ヨハネの手紙一』では「わたしたちが愛するのは、神がまずわたしたちを愛してくださったからです」と述べられている(『ヨハネの手紙一』四章一九節)。何を「わたしたちが愛する」のか、その対象は明示されていないが、写本によってはこの箇所に「彼を」や「神を」という言葉が補われている(5)。そのような読み方に従うならば、神から人間への愛は人間から神への愛に先立つ、と言えることになる。

また、神から人間への愛が人間同士の愛に先立つ、と言うための根拠もある。『ヨハネ福音書』における最後の晩餐《ばんさん》の場面で、イスカリオテのユダが退席した後、イエスは弟子たちに「父がわたしを愛されたように、わたしもあなたがたを愛してきた」と話す（『ヨハネによる福音書』一五章九節）。「わたしがあなたがたを愛したように、互いに愛し合いなさい。これがわたしの掟である」（『ヨハネによる福音書』一五章一二節）。父なる神からイエスへの愛がイエスから弟子たちへの愛に先立ち、イエスから弟子たちへの愛が弟子たち同士の愛に先立つ。

先に引用した「敵を愛せ」というイエスの命令は、次のように続く。「あなたがたの天の父の子となるためである。父は悪人にも善人にも太陽を昇らせ、正しい者にも正しくない者にも雨を降らせてくださるからである」（『マタイによる福音書』五章四五節）。この箇所でも神から人間への愛が、敵への愛に先行している。隣人のみならず敵をも愛さなければならないのは、神もまたそのような仕方で、善人と悪人、正しい者と正しくない者を区別せずに人間を愛しているからである。

『新約聖書』の『エフェソの信徒への手紙』には「夫たちよ、キリストが教会を愛し、教会のために御自分をお与えになったように、妻を愛しなさい」とも書かれており（『エフェソの信徒への手紙』五章二五節）、キリストから教会への愛と、夫から妻への愛とが結びつけられている。

これらの箇所から、神から人間への愛が他のいくつかの愛を基礎づけている、と考えられる。『ヨハネの手紙一』では「神はアガペーである」とすら断言されている。「神は愛です。愛にとどまる人は、神の内にとどまり、神もその人の内にとどまってくださいます」（『ヨハネの手紙一』四章一六節）。

その他、「隣人を自分のように愛しなさい」や「ヨナタンは自分自身のようにダビデを愛した」という箇所から、自己愛が隣人愛や友人への愛を基礎づけている、とも想定される。さらに神の愛と自己愛等の関係を検討することで、神から人間への愛が他のあらゆる愛を基礎づけている、と整理し得るかもしれないが、当面は以上のように、さまざまなアガペーがあり、それらのいくつかが関連していることを指摘するに留めておく。

3　中世ヨーロッパにおける愛

中世とは一般的に、五世紀の西ローマ帝国滅亡と十五世紀の東ローマ帝国滅亡とに挟まれた、約千年間を指す。この期間に紡がれたきわめて多様な思想について概観することは、筆者の能力を遥かに超えている。

以下、人間から神への愛と人間から人間への愛（特に恋愛）という二種類の愛に注目して、中世ヨーロッパにおいて愛がどのように捉えられていたのか、その一端を垣間見ることを試みる。

❖神への愛①——アウグスティヌスにおける愛

中世ヨーロッパにとってキリスト教がすべてではないものの、やはりキリスト教が支配的だったこと、政治や文化等の広範な領域に深く浸透していたことは否定できない。したがって愛に関しても、何よりもまずキリスト教的な愛の思想が注目される。

前章で引用した『ヨハネの手紙一』の「神はアガペーである」という文章は、聖書のラテン語訳であるウルガタ訳において「神はカリタス（caritas）である」と訳されている。アウグスティヌスはこのカリタスを、クピディタスと対比して定義する。

神を神ご自身のために、また自己と隣人を神のために享受することをめざす精神の運動を愛と呼び、自己と隣人とその他なにかの物体を、神のためでなしに享楽することをめざす精神の運動を欲望と呼ぶ。（アウグスティヌス 一九八八、一六四頁）

右の引用文で「愛」と訳されているのがカリタス、「欲望」と訳されているのがクピディタスであり、このクピディタス（cupiditas）の綴りの内にふたたび、古代ギリシアのエロースがクピードー（Cupido）として姿を現わす。

アウグスティヌスは古代末期を生きたキリスト教の司教であるが、彼の思想は中世を通じて圧倒的な影響力をもち続けた。アウグスティヌスによれば「聖書は愛しか命じないし、欲望しか罪としていない」（同前、一六三頁）。上記のように、この愛（カリタス）とは神を神のために、自己や隣人をもまた神のために享受しようとすることである。他方、自己や隣人を神のためでなく享受しようとすることは欲望（クピディタス）であり、罪とみなされる。「被造物を愛してはならないのではない。その愛（amor）が創造主に関係されるなら、それはもはや欲望［クピディタス］ではなく愛［カリタス］であろう。被造物がそれ自体のために愛されるときは、それは欲望である」（アウグスティヌス 一九七五、二六三頁。（ ）内訳者、［ ］内引用者）

被造物を被造物それ自体のために愛するような欲望としては、たとえば性的な欲望があげられる。アウグスティヌスは『告白』で自分の半生を回顧し、若き日の自分が性欲に囚われていたことを吐露する。「私は友情の泉を汚れた肉欲で汚し、その輝きを情欲の地獄の闇でくもらせてしまいました」（アウグスティヌス 二〇一四a、一〇〇頁）。そして彼はこのような欲望を、神とは逆の方向に向かう「重さ」として捉える。「しかし、私の神をいつまでも味わっていることができず、その美しさによってあなたのほうへひきよせられるやいなや、自分自身の重さによってつきはなされ、うめき声をあげながら下界に転落してゆきました。その重みとは肉の習慣のことです」（アウグスティヌス 二〇一四b、五五頁）。

他方でアウグスティヌスは、神から離れるのではなく神へ向かう、もう一つの重さについても語っている。「私の重さは私の愛です。私は愛によってどこにでも、愛がはこぶところにはこばれてゆきます。あなたの賜物によって火をつけられ、上にはこばれてゆきます。燃えあがり昇ってゆくのです」（アウグスティヌス 二〇一四c、一九五–一九六頁）。この「愛」の元のラテン語はアモルであるが、カリタスという言葉でも同様のことが語られている。「しかし私は、だれにむかって語ったらよいでしょう。どのように語ったらよいでしょう。切りたった淵の中に落ちこんでゆく情欲の重さと、そこからひきあげてくださる聖霊による愛のはたらきについて」（同前、一九〇頁）。この箇所ではカリタスが「愛」、クピディタスが「情欲」と訳されている。

したがって、神へ向かう重さはカリタスとして、神から離れる重さはクピディタスとして理解される。「私」がクピディタスの重さに抗して神を愛し得るのは、神の賜物によって点火されているから、聖霊によるカリタスの働きによって引き上げられているからである。『ヨハネの手紙一』におけるアガペーの場合と同じく、アウグスティヌスにおけるカリタスに関しても、神から人間への愛は人間から神への愛に先立つ。

❖神への愛②——中世キリスト教思想における愛

神からのカリタスに基づく神へのカリタス、すなわち神への愛こそが、アウグスティヌスにとって聖書が命じるところのものである。神へ向かう重さと神から離れる重さ、という二つの重さによって引き裂かれた人間は、しかし神からの愛に従ってクピディタスを克服し、神を愛さなければならない。自己愛や隣人愛等、神ならざる被造物への愛も、神のために愛するという仕方で神への愛に収斂《しゅうれん》していく。

中世キリスト教思想においても、神への愛は最大限に重視される。

一〇九八年にフランスで、ベネディクトゥスの『戒律』を遵守して厳格な生活を送ろうとする修道士たちが、ブルゴーニュ地方の僻地シトーに修道院を設立する。この修道院から始まるシトー会に加わり、若くしてクレルヴォー修道院の院長となったベルナルドゥスは、十二世紀前半に『神を愛することについて（*De deligendo Deo*）』を書いた。「わたしは答えたい。神を愛する理由は神なのである。その限度は限度なしに愛することである、と」（ベルナール 二〇〇五、八頁）。

ベルナルドゥスはこの著作で、愛の四つの段階について論じている。第一段階は、人間が自分のために自分を愛する「肉的な愛」の段階である。第二段階は自分のために神を愛する段階であり、すでに神を愛してはいるものの、いまだ自分のために愛しているにすぎない。第三段階は神のために神を愛する段階、そして第四段階は、神のために自分を愛する段階である。「こうして神がすべてがご自身のためにあるように欲したように、同じくわたしたちも、自分自身と他のすべてのものが、わたしたちの快楽のためではなく、ただ神の意志のために、ただ神のためにのみあったし、またそうあるように欲する」（同前、三二－四〇頁）[6]。すなわちこの第四段階において人間は、自分を神のための存在として捉え、そのような自分を神のために愛するに至る、と解釈される。

十三世紀の神学者トマス・アクィナスは『神学大全』で「神への愛には何らかの限度があるべきか」と問い、その問いに答える過程で、先に引用したベルナルドゥスの「神を愛する理由は神なのである。その限度は限度なしに愛することである」という文章に言及している。トマスによれば、「すべての人間的行為および欲求がめざす終極は神への愛」である。この神への「愛」にはディレクティオ（dilectio）というラテン語が用いられているが、トマスにおいてディレクティオとはカリタスの主要な働きのことであり、人間はこのディレクティオによって究極目的に到達する。したがって神への愛に限度はなく、「神がより多く愛されれば愛されるほど、それだけ愛はより善いものなのである」

（トマス・アクィナス 一九八七、一八二頁、二九九―三〇三頁）。

十四世紀、ドイツの思想家マイスター・エックハルトはドイツ語での説教で、次のように述べている。

お前が病気であることを神が欲し給う時に、自分が健康であることをお前が欲するならば――、お前の友達が死ぬことを神が欲し給う時に、その友達が神の御意志に反して生きることをお前が欲するならば、神はお前の神ではない。お前が真に神を愛していて、そしてお前が病気であるなら――神の名において！ お前の友達が死ぬなら――神の名において！ 片目が失われるなら――神の名において！ このように受けとり得る人にしてはじめて正しいのである。ところが、お前が病気であってそして神に健康を祈るならば、お前にとっては健康の方が神よりも好ましいのであり、神は決してお前の神ではないのである。（エックハルト 一九八三、三七〇―三七一頁）

エックハルトによれば、神の欲することよりも自分の健康や友人の生命を優先するならば、本当に神を愛していることにはならない。「どんな仕方であれお前が少しでも自分のものを求めるならば、決して神を見出すことはない」。神によって神以外のものを求めるとは、たとえば「神からろうそくを作ってそれでもって何か物を探す」ことであり、あるいは「ミルクやチーズやお前自身の益のために牛を愛している」のと同じように神を愛することである（同前、三六九頁、三七二頁）。このとき、本当に愛しているのは探し物やミルク、チーズや自分の利益のほうであり、神はそれらを獲得するための手段でしかない。

本当に神を愛するならば、神を愛することに神以外の理由があってはならない。「誰かが善き人に「何故にお前は神を愛するのか」と問うならば、彼の答えは、「おお！　何故か知らない。ただ神のために！」であるだろう」（同前、三七四頁）。やや極端にも聞こえるエックハルトの主張は、しかしこの点で、「神を愛する理由は神なのである」と述べるベルナルドゥスや、その文章を引くトマスの思想と一致している。

❖人間への愛①――宮廷風恋愛

人間から神への愛が重視される一方、同時に中世ヨーロッパは、人間から人間への愛が高揚し、称揚された時代でもあった。その妥当性は疑わしいにせよ、「恋愛は十二世紀の発明である」と言われることすらある。(7)

実際、しばしば「オウィディウスの時代（aetas Ovidiana）」と呼ばれるほどに、この時期、古代ローマの詩人オウィディウスの作品が熱心に研究されたが、それらの作品には愛に関する『愛の技術（*Ars amatoria*）』なども含まれていた（リンドバーグ 二〇一一、一三六―一三七頁）。この著作で論じられているのは異性間の愛であり、相手を口説き落としたり、引きとめておいたりするための技術である。「技術によって帆と櫂をあやつってこそ、船は海面をすみやかに渡るのであり、技術によって戦車も軽やかに走るのである。技術によって愛もまた支配されねばならない」（オウィディウス 二〇〇八、七頁）。

十二世紀後半に書かれたとされるアンドレアス・カペルラーヌスの『愛について（*De amore*）』も、その主題は異性愛である。冒頭、愛は「美しい異性を見て、それを極端に想い詰めることから生れる一種の生得的な苦しみ」と定義される。「それは、愛する者が何よりも相手を抱擁してお互いの欲望に従い、愛のすべての掟を成就したいと願う心から出る苦しみである」（カペルラーヌス 一九九三、一一頁）。「苦しみ」と訳されているラテン語はパッシオ（passio）であり、「情念」や「受動」とも訳され得るほか、特にキリストの苦しみを示して「受難」と訳されることもある。

オウィディウス『愛の技術』と同様、作中では愛をどのようにして獲得するか、獲得した愛をどのようにして持続させるかが詳細に論じられる。また、後半では愛の規則三十一箇条が掲げられ、「結婚は恋愛を妨げる真の口実とはなりえない」、「容易に手に入る愛は軽視され、困難なほど、その愛の価値は高まる」、「新しい愛は旧い愛を追いやる」などと宣言される（同前、一八八―一九〇頁）。一二七七年、パリ司教のエティエンヌ・タンピエは二一九の命題に関する禁令を発したが、この禁令の序文では『愛について』が、黒魔術や悪魔の呼び出し等に関する本、「その他同様の正統な信仰や良俗に明らかに反した事柄を扱っている本」に並び、名指しで断罪されている（タンピエ 一九九三、六五〇―六五一頁）。この事実からも、いかに当時この本が広く読まれ、いかに「悪影響」を与えていたのか、容易に想像されるだろう。

ところで、カペルラーヌスの『愛について』は『宮廷風恋愛について』と訳されるのが慣例になっている。「宮廷風恋愛（アムール・クルトワ、amour courtois）」あるいは「至純の愛／みやびの愛（フィナモール、fin'amor）」とは、中世フランス文学に特徴的な恋愛の形態を示す概念である。この愛は中世ヨーロッパの封建制度と南フランスの騎士階級の心性とを背景としており、臣下による主君への服従と奉仕、主君による臣下の庇護、という主従関係をそのまま恋愛の世界に移した、「恋愛の封建制化」として説明される（沓掛 一九九六b、三六二－三六三頁）。

繰り返し物語られるのは、身分の高い既婚女性と騎士との不義の愛である。十二世紀後半のクレチアン・ド・トロワ『ランスロまたは荷車の騎士』では、アーサー王の王妃グィネヴィアと騎士ランスロットの愛が描かれる。ある夜、王妃の寝室の窓辺で、二人は鉄格子を挟んで向かい合う。彼らの身分の違いを象徴するかのごとき鉄格子を前に、ランスロットは言う。「鉄などなにほどのことがありましょう。あなたさまのお傍にゆくためなら、あなたさまを除いてわたくしを引き留めるものは何もありません。王妃さまのお許しさえあれば道は開かれたも同然です。しかしあなたさまのお許しがなければ、わたくしにとってそれほど大きな障害はなく、どんなことがあってもそちらにはゆきますまい」（トロワ 一九九一、九二－九三頁）。同じく十二世紀後半に成立したとされるベルールやトマの『トリスタン物語』で描かれるのも、マルク王の王妃イズーと騎士トリスタンの愛であり、その悲劇的な結末である。「愛しいトリスタン、あなたの亡骸を見て、／生きるいわれも、その力もなくなりました。／あなたは私への愛ゆえに死んでしまわれた、／ならば私も、愛しい人、愛のために死にます、来るのが間に合わなかったのですもの」（トマ 一九九〇、三五〇頁）。

身分違いの愛は叶わぬ愛（少なくとも叶えるのが困難な愛）であり、そのような困難さや相手との距離によって、かえって情熱の真摯さや激しさが強調される。トルバドゥールと呼ばれる南フランスの詩人が残した次の詩句は、現代においても一言一句違わず、おそらく当時と同じ切実さとともに吟じられ得るだろう。

ああ、愛についてはわけ知りのつもりでいたが、
愛の何たるかをなんとわずかしか知らなかったことか。
愛しても報いられることのない女《ひと》を
愛さずにはいられないのだから。
あの女《ひと》は私の心を、私というものを、
彼女自身を、この世のすべてを奪い去ってしまった。
私に残されたものは愛の渇きと憧れの心のみ。

（沓掛 一九九六a、七八‐七九頁）

❖人間への愛②——エロイーズの愛

中世ヨーロッパにおいては神への愛のみならず、人間への愛もまた高揚していたことを確認したう

えで、最後にもう一度、本章冒頭で扱ったアベラールとエロイーズに戻ることにしよう。修道士になって以後の二人の葛藤は、神への愛と人間への愛との相克を示しているからである。

アベラールが去勢されたことについて、アベラール自身はこの出来事を神の恩寵によるものと理解し、神に感謝している。「こういう次第で、この私を多くの面で成長させようとのお考えにもとづいて、神の正しいお裁きと仁慈あふれる御心によって、あなたの叔父の手ひどい裏切りというものを通じてではありましたが、私は情欲が支配し、あらゆる淫欲の源である肉体のあの部分を失うことになったのです」。「私はもはやけがらわしい肉欲に耽る道をすっかり断たれたので、聖なる祭壇に仕えるのに、いっそうふさわしい身となることができました」(アベラールとエロイーズ 二〇〇九、一八四頁)。去勢されたことによって彼はエロイーズへの肉欲から解放され、神への愛に生きるに相応しい身体になった。アベラールは率直に、エロイーズへの愛が単なる情欲(concupiscentia, voluptas)でしかなかったと認めている。「私たち二人を罪に巻き込んだ私の愛は愛ではなく、情欲と呼ぶべきものでしかないのです。私は憐れむべき情欲を、あなたのうちに満たしていたのです。私の愛とは、そんなことがすべてでした」(同前、一九五頁)。

他方でエロイーズは神への不満や、いまでもアベラールへの欲望(desiderium)に苛まれていることについて彼に書き送る。「でも――このうえなく哀れで、脆弱な私の心を認めてしまってよいのでしたら――およそ神のみ心を鎮めることができるような悔悛の念が、いっこうにわいてこないのです。むしろ、この不当な仕打ちを思うと、神はどこまで残酷なのだろうと、いつも不平不満を言わずにはいられないのです。神のご処断には納得がゆきません。だから、悔悛を果たすことで神のご機嫌をとりするどころか、逆に、いきりたって神に手向かってしまうのです」。「あなたと分かち合った愛の歓び［voluptates（voluptas の複数形）］は、私にとって、それは甘美なものでしたから、私がそれを不快に思うことなどありえませんし、およそ記憶から消えることもないでしょう。どちらを向いても、私の目の前に立ちはだかるのはその歓びであり、それは欲望をかきたててやみません」（同前、一四八－一五〇頁。［ ］内引用者。以下同じ）。

アベラールはエロイーズに、自分ではなくキリストを愛するように求める。「姉妹よ、このお方をこそ、あなたのまことの夫、全教会の花婿として眼前に思い描き、心の中で抱きしめてください」。「あなたを真に愛したのはこのお方であって、私ではありません」（同前、一九〇－一九五頁）。しかしエロイーズにとっては、神への愛よりもアベラールへの愛のほうが優先される。「神はご存知です。これまでの人生のどの時期においても、私は、神のご不興をかうことよりも、あなたのご不興を恐れて生きてまいりました。神のお気に入ることよりも、あなたをお歓ばせすることに努めてまいりました。私が修道服をまとったのも、あなたのご命令あればこそ。神への愛［divina dilectio］がさせたことではありませんでした」（同前、一五三頁）。

要するに、アベラールは人間への愛を離れて神への愛に至ったのに対し、エロイーズは人間への愛の内に留まり続けている。ポープが「俗世を忘れ、俗世によって忘れられ」と記したような、幸福なはずの修道生活において、しかしエロイーズを突き動かし続けているのはアベラールへの愛であり、性的な欲望をともなう俗世の愛、この世の愛である。そのような愛を忘れることでこそ「幸福」が得られるのかもしれないにせよ、アベラールとの愛の歓びが「およそ記憶から消えることもないでしょう」とエロイーズは書く。映画「エターナル・サンシャイン」の物語でも、記憶を消去することで得られる幸福が肯定されているわけではない。

本章の締め括りとして、アベラールとエロイーズに関するある伝説を紹介しておく。

エロイーズは愛する人の死の二一年後、一一六四年五月一六日に彼と同じ年で亡くなった。ここに事実の歴史は終り伝説が始まる。死ぬ少し前にエロイーズはアベラールと共に葬られるよう手筈を整えたのだが、彼の墓を開けて彼の傍に彼女を横たえると、彼女を迎えるために彼は腕を伸ばし、しっかり彼女を抱いた、と言われている。このように語ると美しい物語になるが、しかし伝説に対するに伝説をもってするならば、墓のなかで愛する人と一緒になったとき、抱擁しようとして腕を広げたのはむしろエロイーズのほうだったろうと思われるのである。（ジルソン　一九八七、一五五頁）

もしこの抱擁が可能だったならば、互いへの愛の記憶が死を超えたのでなければならない。死を超えるほどに深く愛を記憶させる働き、死によって強制される否応のない忘却に抗う働きもまた、仮にクピディタスにすぎないとしても、愛と呼ばれ得るだろう。あまりに荒唐無稽《こうとうむけい》で、その意味でいかにも中世的なこの伝説は、決して神への愛に還元されないような人間への愛が、近代以前にも確かに存在したことを改めて教えてくれる。

（1）注意深い読者は、この箇所で「あなたたち」という二人称複数と「あなた」という二人称単数とが混在していることに違和感を覚えるだろう。鈴木佳秀は先行研究を参照しつつ、二人称複数の部分を「編集上の挿入」とみなしている（鈴木 一九八七、一九九頁、六二六―六二七頁）。

（2）田川建三は、この箇所を次のように訳している。「何故なら神はそれほどに世を愛して下さったので、一人子なる御子を与え給うたのだ。彼を信じる者がみな滅びることなく、永遠の生命を持つためである」。「それほどに」という意味のギリシア語について、本文で引用した新共同訳は「それほどに＝その独り子をお与えになったほどに」と解釈しているのに対し、田川訳は「それほどに＝前の文（三章一五節）」と解釈している（田川 二〇一三、一三頁、一八六―一八七頁）。

（3）秦剛平は七十人訳のこの箇所を「主がおまえたちを愛したがゆえに」と訳している（秦 二〇〇三、五〇頁）。ギリシア語訳では目的語が二人称複数に変わっている。

（4）ただし、『申命記』からの引用部分は七十人訳と微妙に異なっており、この違いについて田川建三が検討している（田川 二〇〇八、三八七―三八八頁）。

（5）この箇所に関する田川建三の註解を参照（田川 二〇一五、四七八頁）。

（6）訳者はこれらの四つの段階の愛をそれぞれ、自己愛、貪欲の愛、友情の愛、真の自己愛と呼んでいる（金子 二〇〇五、三九八―三九九頁）。

（7）この説を再検討したものとして、永嶋哲也の論文を参照（永嶋 二〇〇九）。

参考文献

本文中、聖書からの引用はすべて新共同訳である。『新約聖書』のギリシア語原典についてはネストレ版、七十人訳についてはアルフレッド・ラルフスの校訂版を参照した。

ラテン語原典として、ウルガタ訳についてはロベルト・ウェーバーの校訂版、アウグスティヌスについてはミーニュ版、トマス・アクィナスについてはマリエッティ版、カペルラーヌス、及びアベラールとエロイーズの往復書簡については下記を参照した。

Trojel, E. ed., *Andreae Capellani Regii Francorum De Amore Libri Tres*, Havniae in Libraria Gadiana, 1892.

Lettres d'Abélard et Héloïse, Texte établi, traduit et annoté par Éric Hicks et Thérèse Moreau, Le Livre de Poche, 2007.

他の参考文献は次の通り。

アウグスティヌス（一九七五）『三位一体論』中沢宣夫訳、東京大学出版会。

アウグスティヌス（一九八八）「キリスト教の教え」加藤武訳、『アウグスティヌス著作集　第六巻』教文館。

アウグスティヌス（二〇一四ａ）『告白Ⅰ』山田晶訳、中公文庫。

アウグスティヌス（二〇一四ｂ）『告白Ⅱ』山田晶訳、中公文庫。

アウグスティヌス（二〇一四ｃ）『告白Ⅲ』山田晶訳、中公文庫。

アベラールとエロイーズ（二〇〇九）『愛の往復書簡』沓掛良彦・横山安由美訳、岩波文庫。

アリストテレス（一九六一）『形而上学』（下）、出隆訳、岩波文庫。

エックハルト（一九八三）「説教集より」上田閑照訳、上田閑照『人類の知的遺産21 マイスター・エックハルト』、講談社、三六九－三九六頁。

オウィディウス（二〇〇八）『恋愛指南――アルス・アマトリア』沓掛良彦訳、岩波文庫。

金子晴勇（二〇〇五）「解説」、『キリスト教神秘主義著作集2 ベルナール』教文館、三九三－四一六頁。

カペルラーヌス、アンドレーアース（一九九三）『宮廷風恋愛について――ヨーロッパ中世の恋愛術指南の書』瀬谷幸男訳、南雲堂。

沓掛良彦（一九九六a）『トルバドゥール恋愛詩選』沓掛良彦編訳、平凡社。

沓掛良彦（一九九六b）「解説――トルバドゥールと「みやびの愛」」『トルバドゥール恋愛詩選』沓掛良彦編訳、平凡社、三三一－三九四頁。

クレチアン・ド・トロワ（一九九一）「ランスロまたは荷車の騎士」神沢栄三訳、『フランス中世文学集2――愛と剣と』白水社、七－一四〇頁。

酒井幸三（一九九二）『ポウプ・愛の書簡詩――「エロイーザからアベラードへ」注解』臨川書店。

ジルソン、エチエンヌ（一九八七）『アベラールとエロイーズ』中村弓子訳、みすず書房。

鈴木佳秀（一九八七）『申命記の文献学的研究』日本基督教団出版局。

田川建三（二〇〇八）『新約聖書 訳と註1 マルコ福音書／マタイ福音書』田川建三訳著、作品社。

田川建三（二〇一三）『新約聖書 訳と註5 ヨハネ福音書』田川建三訳著、作品社。

田川建三（二〇一五）『新約聖書 訳と註6 公同書簡／ヘブライ書』田川建三訳著、作品社。

タンピエ、エティエンヌ（一九九三）「一二七〇年の非難宣言／一二七七年の禁令」八木雄二・矢玉俊彦訳、『中世思想原典集成13 盛期スコラ学』上智大学中世思想研究所編訳・監修、六四三－六七八頁。

トマ（一九九〇）「トリスタン物語」新倉俊一訳、『フランス中世文学集1――信仰と愛と』白水社、二六九

-三五四頁。

トマス・アクィナス(一九八七)『神学大全 第一六冊』稲垣良典訳、創文社。

中澤務(二〇一三)「『饗宴』解説」プラトン『饗宴』中澤務訳、光文社古典新訳文庫、一九五-二八四頁。

永嶋哲也(二〇〇九)「恋愛感情と感情表現と恋愛の範型——恋愛12世紀発明説の再検討」『福岡歯科大学・福岡医療短期大学紀要』三六号、一二五-一三七頁。

ニーグレン(一九五四)『アガペーとエロースI』岸千年・大内弘助訳、新教出版社。

秦剛平(二〇〇三)『七十人訳ギリシア語聖書V 申命記』秦剛平訳、河出書房新社。

プラトン(二〇一三)『饗宴』中澤務訳、光文社古典新訳文庫。

ベルナール(二〇〇五)「神を愛することについて」金子晴勇訳、『キリスト教神秘主義著作集2 ベルナール』教文館、五-五三頁。

リンドバーグ、C(二〇一一)『愛の思想史(コンパクト・ヒストリー)』佐々木勝彦・濱崎雅孝訳、教文館。

▒ブックガイド

辻学『隣人愛のはじまり——聖書学的考察』〈シリーズ神学への船出01〉(新教出版社、二〇一〇年)

隣人愛に関する聖書のテキストを丁寧に分析していく試み。聖書について学問的に考えようとするならば、このような分析を同じく丁寧に、かつ批判的に読んでいくことがその第一歩として有効である。

アウグスティヌス『告白I-III』山田晶訳(中公文庫、二〇一四年)

キリスト教思想を代表するアウグスティヌスの自伝的な著作。彼が神への愛に至る過程が描かれている。神への祈りが頻出するため冗長に感じられるかもしれないが、緻密な哲学的・神学的議論が各所で展開されており、繰り返し読むに値する。

アベラールとエロイーズ『愛の往復書簡』沓掛良彦・横山安由美訳（岩波文庫、二〇〇九年）

おそらく世界でもっとも有名な恋人たちによる、激しい情念に満ちた往復書簡。アベラールとエロイーズ、どちらの視点に立つかで印象が劇的に変わる。なお、同じ岩波文庫の畠中尚志訳では、沓掛・横山訳には未収録の書簡も訳出されている。

カレン・アームストロング『キリスト教とセックス戦争——西洋における女性観念の構造』高尾利数訳（柏書房、一九九六年）

原題は『女性による福音——キリスト教による、西洋でのセックス戦争の創造』（*The Gospel according to Woman: Christianity's Creation of the Sex War in the West*）。キリスト教の女性観の歴史を扱った本ではあるが、愛の思想史としても読める。

ベティエ編『トリスタン・イズー物語』佐藤輝夫訳（岩波文庫、一九八五年［改版］）

十九世紀末にジョゼフ・ベディエが、トリスタンとイズーの伝説に関するさまざまな断片を集め、一つの物語の形で再構成したもの。宮廷風恋愛の典型例としてのみならず、文学の古典としても楽しめる。

第3章　近代プロテスタンティズムの「正しい結婚」論？
——聖と俗、愛と情欲のあいだで——

佐藤啓介

1　はじめに

近代日本において、キリスト教、とりわけプロテスタンティズムとの出会いによって、家族や恋愛に関する思想に大きな変化が生まれたと指摘されることが多い。その変化の一端は本書の第6章においても示されているが、しかし、問題はそこで言われるプロテスタンティズムがどのようなものであるか、ということである。「普遍」をうたうローマ・カトリックが、長い伝統のなかで統一的な教義を形成してきたのとは異なり、「プロテスタント教」なる単一の教派は存在しない。十六世紀の宗教改革以後、国や地域、時代ごとに多様なプロテスタントの宗派が形成され、愛や結婚に対してそれぞれ異なる姿勢を示してきた。

おそらく、近代日本の恋愛や結婚観とプロテスタンティズムの影響関係については、まだまだ思想史的に研究すべき課題が眠っている。特に、近代におけるプロテスタンティズムとの出会いに始まり、キリスト者が総人口の一％程度にすぎないのに、結婚式実施者の五五％以上がキリスト教式を選んでいる（リクルートブライダル総研 二〇一四、九頁）といういびつな現代に至るまでの、日本社会の結婚観の数奇な変遷は、大いに研究する価値があると思われる[1]。だが残念ながら、本章の課題は、プロテスタンティズムと日本の結婚関係史の全貌を明らかにすることではない。その手前において、そもそも西欧のプロテスタンティズムにおいて結婚がどのように考えられてきたのかという基本的な視座を提供すること、これが本章の課題である。

そこで本章では、まずルターにさかのぼり、彼の結婚論を簡単に確認する[2]。ここでは、「聖と俗」という枠組みのもとで、カトリックとは異なるプロテスタンティズムの結婚論の基本的な軸線を描くことができるだろう。ついで、プロテスタンティズムがたえず依拠する聖書そのものにおいて、結婚（ないし男女の関係）がどのように描かれているのかを、「創造」に関する議論を中心に確認する[3]。ここでは、「愛と情欲」という、聖俗とは異なるもう一つの結婚論の軸線が見えてくるはずである。こうした予備作業のもとで、プロテスタンティズムの結婚論の一つのサンプルとして本章が取り上げるのが、二十世紀最大のプロテスタント神学者とされるカール・バルト（一八八六―一九六八年）の結婚論である。一万頁近くを費やしてなお未完の大著『教会教義学』を素材として、バルトが考える「正しい結婚」とはどのようなものかを明らかにしていく(4)。とはいえ筆者は、バルトにならって、これこそが正しい男女関係や結婚であるといった主張をしたいわけではない。筆者がバルトの結婚論を取り上げる意図は二つある。第一に、プロテスタンティズムの結婚論の二つの軸線が、良くも悪くもバルトにおいて顕著に作用し、また大胆に再編成されており、その意味で、プロテスタンティズムの結婚論の問題構成をよく理解できるサンプルだからである。第二に、バルトが結婚論を展開した時期は、キリスト教がフェミニズムの本格的な批判にさらされる一九六〇年代を迎える直前の時期にあたり(2)、バルトの議論が、性や家制度への理解が大きく変容する前の、「近代」プロテスタンティズムの保守的な結婚理解の最後の姿を示しているからである。

2　ルターの結婚論
——聖と俗のあいだで——

宗教改革が起こる以前において、すでにローマ教会において結婚は秘跡（サクラメント）の一つとして、その宗教的な地位が確立していた。秘跡とは、カトリックの基本概念であり、「キリストによって制定され、教会にゆだねられた、神の恵みを実際にもたらす感覚的しるし」のことで、私たちは、この秘跡というしるしを通して、神の恵みが目に見えるかたちで与えられる、とされている。

五世紀にすでに、アウグスティヌスが「結婚の善」（四一〇年）という小論において、「子孫・誠実・秘跡という三つの善」について論じており、結婚もまたその秘跡の一つに属するとしている（アウグスティヌス　一九七九）。彼によれば、結婚とは、三つの善の一つである「子孫」をもたらす理由によって、いや、むしろそのためのみの理由によって、善とされる（この結婚への消極的評価については次節で論じる）。その後、十五世紀のフィレンツェ公会議において、現在まで続く「七つの秘跡の一つ」としての結婚の宗教的地位が確定する。[3] 無論、現代のカトリックにおいては、生殖の手段としてのみ結婚が位置づけられているわけではない。だが、現代でもなお、結婚が秘跡という宗教的儀式であることにかわりはない。

こうしたカトリックの結婚理解を批判し、結婚の位置づけを「宗教的儀式」としての聖なる地位から、より人間的な行為へと変更したのがルターである。[4]

ルターは、宗教改革の初期から、ローマ教会の秘跡理解を厳しく批判している。そして、その批判の対象となった一つが「秘跡としての結婚」という主張である。ルターは言う。「妻をめとる男はだれでも、何か神の恵みを受けるというようなことは、《聖書の》どこにもない。結婚は神によって設定されたしるしさえもない」（ルター　一九六九、三〇三－三〇四頁　WA. VI 550）。[5] こうしてルターは、結婚を通して神の恵みが目に見えるかたちで与えられるという従来の結婚論を、聖書になんら根拠がないと一蹴する。ルターによれば、そもそも結婚という制度は、キリストが世に登場するのに先立って「世の初めからあったし、今にいたるまで不信仰者のあいだにも、つづいている」ので（同前、三〇四頁　WA. VI 550）、ローマ教会のみのサクラメントと呼ばれる根拠がない。後年の彼のテキストによれば、結婚は、人が何を着て何を食べるか、どんな家に住むか、といった問題と同列の俗的事柄にすぎない（ルター 一九七三b、二五一頁 WA. XXX 205）。だからルターは結婚式という儀式についても、無関心な態度で次のように述べている。「結婚や結婚生活はこの世的な事柄だから、われわれ聖職者や教会の牧師たちは、それを統制したり支配したりするのではなく、むしろそれぞれの都市や地方に、これまで行われてきたような使用法や習慣を続けさせることが適当である」（ルター 一九七三a、八五頁 WA. XXX 74）。

だが、だからといって、ルターは結婚を完全にこの世の世俗的な事柄として、教会が関与すべき事柄から除外したのかと言えば、話はそう単純ではない。結婚が秘跡であるとはたしかに聖書には書かれていない。それどころか、キリスト教が成立する以前から、この世のはじめから、結婚はこの世に存在していた。だが、ルターはむしろそこにこそ着目する。世のはじめから男女は結婚してきたということ、それは、神がそう人間を創造したからではないか。こうしてルターは、結婚という問題を論じる枠組みを、秘跡論から、創世記に描かれる「神の創造のわざ」という枠組みへと変更したのである。そのため、人が原初において神に造られた通りに、あらゆる人が「正しく」結婚することが神の創造の意志に適うことである、という考えが成立する。この点において、結婚はなお、完全にこの世の事柄へは霧散しきっていない。「男と女の結ばれることは、神の律法によるのであって、神の律法が結び合わせるからである」（ルター 一九六九、三一一頁 WA. VI 555）。だからルターは、結婚式の細部の式次第はそれぞれの地方の習慣に委ねつつも、教会で結婚する男女を祝福し、二人のために祈ることに対しては、なお牧師の責任であると考えた（ルター 一九七三a、八五頁 WA. XXX 75）。以上、ルターの結婚論の要点を概観した。カトリック的な秘跡としての地位を追われた結婚は、たしかに俗的事柄へと移行しつつも、なお、創造の秩序に属す事柄としては聖なる性格を残している。ルター以後、この両義性こそが、本章でも後に見るバルトも含めて、プロテスタンティズムの結婚論を大きく規定する基本的な軸線となるのである。

3 創造の秩序
――愛と情欲のあいだで――

❖『創世記』における「男」と「女」の創造

前節で見たように、キリスト教思想、とりわけプロテスタンティズムの結婚論を考えるうえで欠くことができないのは、『創世記』に描かれる人間の創造の場面（『創世記』二章）である。と言うのも、このテキストにおいて、神によって「男」と「女」という性別をもった人間が創造されたことが描かれ、この記述が、その後の思想史において、男女が結ばれる（その意味で、結婚する）ことの正当性の論拠とされるからである。次節のバルトの議論においても重要な論点となるため、当該箇所を詳しく検討してみよう。[6] 場面は、神が天地を創造し終えたあとの場面である。まず、二章七節において、アダムと呼ばれる「人」が創造される。

主なる神が地と天を造られたとき、地上にはまだ野の木も、野の草も生えていなかった。主なる神が地上に雨をお送りならなかったからである。また土を耕す人もいなかった。［……］主なる神は、土（アダマ）の塵で人（アダム）を形づくり、その鼻に命の息を吹き入れられた。人はこうして生きる者となった。（『創世記』二章四－七節）

ここではまだ、アダムという「人」の性別については特定されていない。この後、「人が独りでいるのは良くない。彼に合う助ける者を造ろう」（一八節）と神は考え、人のあばら骨の一部を材料にして、人のパートナーを創造する。

そして、人から抜き取ったあばら骨で女を造り上げられた。主なる神が彼女を人のところへ連れて来られると、人は言った。「ついに、これこそ私の骨の骨、私の肉の肉。これをこそ、女（イシャー）と呼ぼう、まさに、男（イシュ）から取られたものだから。」こういうわけで、男は父母を離れて女と結ばれ、二人は一体となる。（二二－二四節）

この引用の最後の一文は、アダムという人についての一文というより、神が定めた人間一般の生の条件を記したものと読むのが妥当である。ルターの「男と女の結ばれることは、神の律法による」という表現もまた、こうした神の創造のわざを念頭に置いた議論である。

❖『新約聖書』における『創世記』の解釈

イエス以前のユダヤ社会で記された『創世記』の一節は、キリスト教においても重視され、『新約聖書』にも、この一節を踏まえた表現が登場する。

［……］天地創造の初めから、神は人と女とをお造りになった。それゆえ、人は父母を離れてその妻と結ばれ、二人は一体となる。だから二人はもはや別々ではなく、一体である。従って、神が結び合わせてくださったものを、人は離してはならない。（『マルコによる福音書』一〇章六－九節、並行箇所として『マタイによる福音書』一九章四－六節）

このテキストの前半が『創世記』のそれと完全に対応していることは明らかである。そして、そこから一歩踏み込んで、神が結びつけた男女を離してはならない、という禁止条項が展開されている。この一節がキリスト教における「離婚」論を形成する大きな論拠にもなっていく。

さらに、男女がパートナーとして神の創造の秩序のもとで結びつく、という考え方は、男女が「愛」をもって支えあうなかで、ともにキリストの一部であることを謳いあげる『エフェソ書』（パウロが残した書簡の一つ）の一節にも結びついていく。

わたしたちは、キリストの体の一部なのです。「それゆえ、人は父と母を離れてその妻と結ばれ、二人は一体となる。」この神秘は偉大です。〔……〕あなたがたも、それぞれ、妻を自分のように愛しなさい。妻は夫を敬いなさい。(『エフェソ書』五章三〇－三三節)

キリスト教思想には、聖書内部において別の先行テキストが解釈され、さらにそれを注釈者が解釈することで展開していくという一面があるが、『創世記』が『新約聖書』内で何重にも解釈され、それをさらにルターらが解釈することで展開した結婚論には、この一面がよく表われている。

❖「情欲」という問題系

だが、先の『新約聖書』の離婚を禁止した場面には続きがある。そして、その続きにこそ、プロテスタンティズムの結婚論を構成する第二の軸を考える重要な手掛かりがある。イエスは離婚してはならないと説いた直後、「不法な結婚でもないのに妻を離縁して、他の女を妻とする者は、姦通の罪を犯すことになる」として、離婚がもたらす姦通の罪について説明している。ここでの「不法な結婚」とは、妻が不貞を働いたことが想定されているが、男側もまた、正当な理由なく離婚して他の女と関係をもつことが厳しく戒められている。これを聞いた弟子たちは、夫婦関係の厳しさを思い知らされ、「夫婦の間柄がそんなものなら、妻を迎えない方がましです」と、怯えてしまう(『マタイによる福音書』

一九章九－一〇節）。ここで重要なのは、「それなら結婚しない方がましだ」という、一見謙虚に見えて、その実、みずからの情欲を抑えきれないがゆえに怯える弟子たちの情けない姿に、キリスト教が何を問題視してきたかがよく表われている点である。それは「情欲」という主題である。[7] 先にローマ教会においては、結婚が生殖の手段としてのみ肯定されてきた、と述べたが、「生殖の手段としてのみ」と強い限定がつく理由もまた、情欲の問題と不可分である。実のところ、この文言は、結婚を情欲の手段としてはならないという禁止とほぼ同義なのである。

情欲の問題に悩んだ人物としては、初期キリスト教の確立者・パウロがいる。彼は、人間たちが男女ともに「自然に反する」恥ずべき情欲に身を任せていることを、神の怒りのあらわれだと考えた（『ローマの信徒への手紙』一章二四節以下。ここでの自然に反する情欲とは、主に婚姻関係外での性行為や、何よりも同性愛のこと）。そのため、パウロは男性に向かって、できれば独身・童貞を貫くのが理想であると説いている。ただし、情念の抑制がきかず、仕方のない場合、結婚をいわば「情欲の緊急避難先」として指定している。「［……］皆わたしのように独りでいるのがよいでしょう。しかし、自分を抑制できなければ結婚しなさい。情欲に身を焦がすよりは、結婚した方がましだからです」（『コリントの信徒への手紙一』七章八－九節）。現代の私たちから見ると、パウロの家父長的・男性中心的性格は随所に見られ、この箇所もそうした視点から批判することが不可欠なのだが、残念ながら本章の主旨から外れるため、不問にしておく。

男女の結婚は、創造の秩序のもとに置かれることで、「愛」ある結びつきへと展開していった。だが他方で、愛と隣り合わせの「情欲」という問題系が、結婚論に蛇のようにしつこく絡みついている。聖‐俗という軸が結婚論の第一の軸であったとすると、それと重なりつつも異なる「愛‐情欲」という軸こそが、第二の軸として設定されねばならない。いかに情欲を制御しつつ、愛ある結婚を考えるか。言いかえれば、結婚において、愛と情欲をどう調停するか。秘跡としての神秘を欠くプロテスタンティズムの結婚論は、こうした課題に直面し続けてきたのである。

4 「正しい」結婚はあるのか
――カール・バルトのケース――

✣カール・バルトの結婚論

聖と俗、愛と情念のあいだで結婚のあるべき位置を定める。それがプロテスタンティズムの結婚論の課題であったことは、以上で理解されただろう。多くの神学者・思想家たちがその課題に取り組んできたが、以下では、そうした議論のサンプルとして、前世紀ドイツ最大の神学者カール・バルトの議論を取り上げたい。後に見るように、バルトの結婚論は、近代プロテスタント思想において「正しい結婚」なるものの必要要件を定義し、ある意味で、良くも悪くも近代プロテスタント的結婚論の代表（かつ頂点）であったと言える。

バルトはスイス出身の神学者で、十九世紀ドイツの自由主義神学（神学を世俗的道徳へと読み替えていった立場）を批判し、人間の罪、神の権威とそれへの服従、神の恩寵などの概念を全面的に打ち出す彼の神学は「新正統主義」とも呼ばれる。また、ナチス政権への神学的批判・抵抗を行なったこともよく知られている。現在でもドイツのみならず、日本も含めて世界各地に圧倒的な影響を残している。そして、一九三二年に執筆が開始された最大の主著『教会教義学』の一部において、男女関係や結婚について論じている。

ところで、一つ注意しておくと、バルトの神学は一般的に「現代」神学とカテゴライズされる。むしろ、彼とそれ以前の世代とのあいだに、プロテスタンティズム神学の大きな断絶を見るのが一般的である。だが、あえて本章でバルトの結婚論を「近代」プロテスタンティズムに属するとするのには、理由がある。バルトの少し後、プロテスタント思想家であり結婚カウンセラーとして活躍したTh・ボヴェー（一九〇〇－一九七六年）が「結婚学」を提唱し、結婚に関する著作を数多く刊行した。彼の著作はたしかにキリスト教色が強い一方で、「人間学」としての結婚学を提唱し、バルトのような「神学」としての結婚論とは大きく一線を画している(8)。それと同時に、二十世紀後半以降の家族形態や恋愛形態の多様化にもかなり柔軟な姿勢を示している（これに対し、バルトの結婚理解はきわめて近代的で保守的である）。この意味で、プロテスタント的結婚論はボヴェー以降を「現代」として区分をすることが適切ではないかと筆者は考えている。

話を本題に戻そう。繰り返しとなるが、本章がバルトを取り上げる意図は、バルトの考える「正しい結婚」の正しさを本章も主張し、正当化することにはない。そうではなく、前節までで確認した二つの軸線を手掛かりとして、愛・性・結婚といった主題をプロテスタンティズム的に考える具体的な枠組みを理解し、その特徴や問題点を把握するためのサンプルケースとしてバルトを読み解こう、というのが本章の意図である。

バルトの『教会教義学』は四部に分かれており、それぞれがさらに細かく章分けされている。以下、執筆年とともに、その大きな目次を紹介してみよう。

序論（一九三二年）
第一部　神の言葉についての教説
　第一章　教義学の基準としての神の言葉
　第二章　神の啓示（以上、一九三八年）
　第三章　聖書
　第四章　教会の宣教
第二部　神についての教説
　第五章　神認識（以上、一九四〇年）
　第六章　神の存在
　第七章　神の恩寵の選び
　第八章　神の誡め

第三部　創造論
第九章　創造のわざ（以上、一九四五年）
第十章　被造物（一九四八年）
第十一章　創造者と被造物（一九五〇年）
第十二章　創造者である神の誡め（一九五一年）（＊本章の検討対象）
第四部　和解論
第十三章　和解論の対象と問題（一九五三年）
第十四章　僕としての主イエス・キリスト
第十五章　主としての僕イエス・キリスト（一九五五年）
第十六章　真の証者イエス・キリスト（一九五九年）

このうち、一九五一年に執筆された第十二章「創造者である神の誡め」（『教会教義学』全七三節のうち五二－五六節に相当）の第五四節「交わりのなかでの自由」において、集中的に男女関係や結婚関係が議論されている。この章全体は「よい人間的な行動とは何であるか」という問題を、神の言葉という神の命令から考察する章であり（バルト　一九八〇a、三頁 KD. III, 1, 1）[9]、第五四節は、他者との交わりに特化した節である。ここでわざわざ『教会教義学』全体の目次を紹介したのには、大きな理由がある。それは、バルトの結婚論が、ほかならぬ「創造論」という大きな議論の一部であることを理解するためである。バルトはルター派ではなく改革派の流れをくむが、創造論から結婚を考えるというルター以来のプロテスタンティズムに典型的な議論の枠組みを、バルトも踏襲しているのである。

この第五四節は、結婚に限定されない男女関係と、結婚そのものという二種類の主題が論じられる。本章でもバルトの区分に即しつつ、彼の議論の概要をたどっていこう。

❖「正しい」男女関係――「秩序／順序」の思想

バルトの男女論や結婚論を理解するためには、まず彼の神学の基本的な人間理解を確認する必要がある。

バルトは、人間存在を、神–人関係と、人–人関係の二つの視点で捉える。第一に人間は、神に対しては「僕《しもべ》としての人間」という位置づけにあるとバルトは考える。つまり、人間は、創造主である神の前で、神の言葉、神の命令に対して応答する責任がある者として存在している。第二に人間は、他の人間に対しては「共なる人間性（Mitmenschlichkeit）」という関係に置かれているとバルトは考える。人間はみな、一人ひとりが神との契約相手であることによって、同時に、他の人間（隣人）との出会いのなかで存在するよう創造されている。つまり、人間は生まれつき孤独ではなく、創造されたときからすでに、他の人間とともに存在する本質をもっており、人間は、みずからの自由な決断と行為においてこの共存在性を実証するよう、神によって要求されている、と考えられている。

こうした隣人との関係のなかで、男女の関係は、特別な地位を占めている。バルトにとって男と女の区別は、人間のさまざまな区別（人種、年齢、職業など）のなかで、もっとも基底にある区別である。男女の区別は、創造の順番において「最初」の区別であると同時に、他のあらゆる区別にとって範例となるような区別なのである（バルト 一九八〇b、五頁 KD. III, 3, 128. 以下すべて同じ著作・同じ巻からの引用のため、邦訳、原典いずれも頁数のみを記す）。この男女の区別の位置づけは、以降の議論において、重要な役割を果たしていくことになる。

バルトはこの男女関係を神学的に考察するうえで、いくつかのありがちな誤解をしないよう、事前に注意している。そのうち、重要な点を二つ取り上げておこう。

第一に、男女関係という主題を性生活だけに限定してはならず、男女の共存在の全体においてそれを考えなければならないこと。性生活だけを取り出して考えることは、性を人間の私物と化し、神の命令から引き離すことになってしまうとバルトは警告する。第二に、男女という主題は「結婚」に限定されてはならないこと。バルトにとって、結婚の問題は、「男女」の問題に包摂され、結婚はそのサブカテゴリーとして位置づけられる。これは結婚が秘跡として特別な地位をもつカトリックとは異なり、プロテスタンティズムにとっては特に重要な指摘である。男と女がペアとして造られたことが重要であって、夫婦という制度にある被造物として創造されたわけではないのである。そのため、「結婚に入り、結婚生活をしていくということは、すべての人の事柄というわけではない」（五〇頁 KD. 155）のであって、結婚しない人も当然存在する。だが、結婚しない人でも、男である／女であることからは免れられない、ゆえに男女のカテゴリーのほうが上位に置かれるのである。

以上の注意点を踏まえたうえで、バルトが考える「正しい」男女の関係とはどのようなものか、具体的に見ていこう。バルトによれば、男女関係が正しくなるためには三つの要件が存在する。

要件①　人は、男か女に創造されており、自分の性を意識し、肯定しなければいけない

現代の私たちは「人間はみな、男／女である前に一人の人間である」というフレーズを耳にしたことがあるかもしれない。だが、バルトはそのような「性差」に先立つ地平で人間一人ひとりの個性を捉えようとすることに強く反発する。創造においてアダムの骨からイヴが造られ、その時点で男として／女として人間が分離された以上、人間は「男に生まれるか、女に生まれる」のであり、「（無性の、あるいは中性の）人間に生まれる」ことはできない。

そのためバルトは、人は男／女であることによって神から要求されている役割、義務、責任を取り替えてはいけないという。なるほど、時代や文化ごとに、男／女らしさの規定は異なり、そこで期待される役割も多様であろう。だが、バルトはその「らしさ」そのものが区別されることは幻想ではないと断言する[10]（七四頁以下 KD 170ff.）。

バルトに言わせれば、既婚者であれ未婚者であれ、人はみな、男／女という神学的秩序（Ordnung）に属しているのである。こうしてバルトは、結婚を聖とするか俗とするか、というプロテスタンティズム的問題に対して、「結婚に先立つ男女の区別そのものが神の命令である」という解決を示すことで、聖俗問題そのものを解消させたのである。結婚しようがしまいが、人間は「男である／

女であることにおいて、すでに神のもとに存在している」のだ。筆者の見る限り、バルトの結婚論最大の（危険性を大いに秘めた）特徴、そして近代プロテスタンティズム結婚論の頂点たるゆえんは、この議論の構成にこそ存在している。

要件②　男と女は、互いに「つけあわせ／秩序づけられ、向かい合わされて」生きる

男と女は被造物として、単にバラバラに創造されたのではなく、二人でいるように創造されたのであった。そのため、バルトによれば、男女という区別は、単なる性別を分けた区別ではなく、自然に二つで一つのものとして存在するよう規定された本質をもつ。もちろん、このような典拠は『創世記』以外にも、『新約聖書』の随所に見出すことができる。たとえば、「主においては、男なしには女はなく、女なしには男はありません」（『コリントの信徒への手紙二』一一章一一節）という箇所をバルトは典拠としてあげている。

バルトが考える「正しい」男女関係とは、互いが「見合い」、「相手と問い合い、問われ合い」、「互いに相手に答えあう」ような関係であり、彼はそのような関係を「つけあわせ／秩序づけ（Zuordnung）」という語によって形容している（九四頁 KD. 182）。人は、いや正しくは、男は／女は、一人で生き、一人で自分を理解するだけではいけないのだ。男女は、結婚しようが独身であろうが、世の初めから互いが関わり合い、向き合うよう、定められているのだ。

〔……〕すべての女とすべての男とは、意識的に、すすんでこの〔女と／男と出会う〕関係のなかに生きており、自分の存在を抽象的に自分だけのものとして理解するのではなく、むしろ共同存在（Mitsein）として理解し、そのようなものとして〔自己の存在を〕形成するよう義務づけられていることを知るべきである。（九六頁 KD. 184）

バルトはこの文脈で、「軍人仲間のような男社会」（現代流に言えばホモソーシャル）を批判し、それどころか修道院すらをも批判する。同時に、「いわゆる同性愛という病気」（九七頁 KD. 184）が神の命令に反し、結果、「隣人なき人間性」に堕していると、滔々《とうとう》と述べている。あまりにも問題含みのこの表現に、バルトの保守性が表われていることは指摘するまでもなかろう。

要件③　男と女のあいだには「秩序」ないし「順序」がある

バルト自身、この要件は「もっとも微妙な問題」と形容している（一〇二頁 KD. 187）が、男と女とのあいだには、削除したり入れ替えたりすることのできない「秩序」ないし「順序（Folge）」がある。ここで言う順序とは、男性が上位に立つ優劣関係や、支配‐被支配関係のことではないし、男女間の不平等や特権の片寄りでもない。いわば、内実のない順序である。バルトはそれを、アルファベットのＡとＢにたとえている。ＡＢＣ…はあくまでＡＢＣ…という順番であって、ＢＡＣ…にはならない。それと同様、順序としては、男の次に、女が並ぶ。ただ、それだけの順序だとバルトは強調している。

身近な例で考えれば、たとえば、何かの書類において、男性の名前の次に女性の名前を書く、といった順序を想定するとよいだろうか。

こうしてバルトは、男性中心主義の疑念を払拭しようと、この「秩序」「順序」が優劣や支配関係ではないことをくどくどと強調する。読者からすれば、秩序や順序という語を用いなければよいだけではないかとの印象も受ける。だが、バルトはそうした選択はせず、あくまで創造の順序通りに、男が第一、女が第二という秩序があることで、男と女はそれぞれ正しく神が与えた場所を占めることができると考えるのである。バルトの目には、秩序や順序という語を使わなければよいという考えはしょせん、人間中心の功利的な発想にすぎず、それ自体が神からの離反になってしまうのだ。

以上、結婚論を考える前提として、バルトの創造論的な男／女概念を概観した。議論の全体が神学的枠組みによって規定されており、また、徹底してある種のヒューマニズムが否定されていることが理解できるだろう。人間中心の視点で性差を考えようとすること自体が、バルトにとっては神に逆らう思考法であり、神に与えられた命令を踏み越える傲慢なのである。したがって、結婚論の第一の軸である聖‐俗に即して言えば、男であること／女であることそれ自体が、神の聖なる命令であって、それを人間の地平（その意味で俗的地平）において思考することが禁じられている。人間一般としてではなく、男として、あるいは女として、それぞれ男‐女という、分離も反転もできない共存在関係のなかで与えられた然るべき「自分の場所」が、私たちにはある（一〇三‐一〇四頁 KD. 188）。バルトの強調点はまさにそこなのだ。

❖「正しい」結婚関係――自由な交わりの思想

以上の正しい男女の秩序という枠組みのもとで、バルトは結婚論を展開していく。前述したように、結婚（Ehe）は、男女関係の唯一のあり方ではなく、それに内包されている。とはいえやはり、結婚は男女関係の典型的な形態でもある。バルトは、結婚というものの基本的なイメージを、以下のように描いている。

> 男と女の出会いの関係が、一人の特定の男と一人の特定の女の〔……〕一回的で、繰り返されない、比較を絶した出会いと関係の形態のなかで固定化され、具体化されるということが重要である。また二人の出会いと関係は、ここでは生活共同体を意味している。この生活共同体は部分的なものではなく、完全なものである。〔……〕それはまた、〔他人を〕含むようなものではなく排他的である。〔……〕さらにまた、それは一時的ではなく永続的であり、両方の当事者の生涯がつづくかぎり、同じようにつづくのである。（二二八‐二二九頁 KD. 203）

ここには、二人の特別な出会いが結婚において固定され、生活共同体が形成され、二人だけの親密な関係が永続的に続くという結婚像が示されている。ここだけを読むなら、特に神学的な議論ではないだろう。だが、後述するように、この結婚概念は、やはり人間の視点からではなく、神から考えられ、神から基礎づけられたものであり、その意味で、結婚全体もまた神的次元、聖なる次元に属する行為となっていく。

ところで、このバルトの結婚イメージにおいて、一般的に想起される結婚のもう一つの側面、社会的・法的側面に触れられていないことに気がつくかもしれない(家の形成と家の社会的承認、家の社会的・経済的独立、名字や戸籍の書き換えなど)。バルトが述べているのはあくまで二人の男女の実存、ないし「生の交わり」に関わることだけである。実際、バルトはいわゆる結婚の社会的・法的側面については、結婚によって派生的に生じる「婚姻関係(Heirat)」と呼び、言葉や問題群を区別している。結婚を公に宣言し、公に承認されることが婚姻であり、その確認手段は、家族的(つまり、親による承認)・法律的・教会的な制度である。たしかに、結婚した男女には婚姻関係に対する社会的・法的責任が生じる(俗の次元の責任)。しかし、バルトが考える「結婚」とは、そうした社会に対する責任ではない。そうではなく、結婚においてあるべき男女関係を完遂するという「存在の仕方」を命じた神に対する責任なのである(聖の次元の責任)。この結婚と婚姻関係の区別に、私たちはルター的な聖俗の区別が反復されていることがわかるだろう。だから、必ずしも婚姻関係にある夫婦が、ただそれだけで神の命令を満たしているとは限らない(たとえば夫婦のいずれかが不倫している場合など)。また、それとは逆に、社会的に言えば婚姻関係を満たしていない状態(たとえば事実婚など)であっても、事実上、神が命じる結婚の要件を満たしている場合もありうる。結局のところ、

「婚姻とはただ、人間的なまわりの世界の前での、まわりの世界を通じての、結婚の秩序にかなった確認・有効化・合法化である」（二一四頁 KD. 253）にすぎない。本書・本シリーズで多く論じられる（そしてときに脱構築されていく）家族制度・結婚制度が、主として婚姻関係を想定したものであるのに対して、共同的生の存在の形式としての結婚を想定したバルトの神学の射程が、婚姻関係にはないことには注意が必要であろう。

さて、話を結婚に戻そう。婚姻関係とは区別された結婚とは、何によって成立するのか。バルトによれば、それは「愛の選択」を動機とする、当事者双方の自由な決断と行為である。愛し合う二人が結婚を決断する、それはいたって人間的な、私たちも容易に理解しうる考え方であろう。だが、この「自由な決断」とは何かを考えるとき、バルト結婚論の独自な神学性が表われてくる。実は、バルトの結婚論は、結婚が「愛の選択」を動機とすると言いながら、「愛」のモチーフがほとんど強調されず、前述の男と女の神学的秩序が議論の土台となっている。つまり、愛だけで結婚の何たるかを語ることは、まったく不十分なのである。結婚は、もっと広い「神の命令」に基づく生の様式に根ざしている。

結婚の本質は、われわれが一人の男と一人の女を結びつけている特別な愛の概念によって理解しなければならないことより、もっと包括的である。結婚の本質は、これら二人の人間のあいだで打ち立てられ、成り立っている生の交わりである。（一三七頁 KD. 209）

それでは、結婚とはどのような神の命令なのか。男女関係同様、バルトは「正しい」結婚が成り立つためには、いくつかの要件があると主張する。それはどのような要件だろうか。

要件①　結婚の決断そのものが、最高に特別な神的な召命の事柄であること

先に見たように、バルトは結婚を成立させるのが、当事者同士の自由な決断であると言う。しかし、その決断は実は、人間個人の自由な意志によるものではなく、神によって呼び出され命じられた召命(Beruf)であり、結婚とは神の命令に服従することと同義なのである。ここには、ルター以来の「自由にして隷属」という意志論が如実に働いている。人は、結婚を自由に選ぶのではない。そうではなく、自分がまさにこの相手と結婚をすることが神に求められ、神に命じられ、神にゆるされていると理解したから、この相手と自由に結婚するのである。つまり、人は自由に結婚を選んだのではなく、自由に結婚させせられたのである。その結婚は、生まれつきの運命でも、単なる偶然の気まぐれでもなく、「神の召し、賜物、恵みを通して、この「[結婚することが]ゆるされている(Dürfen)」と「[結婚せ]ねばならない(Müssen)」に向かって、自由にさせられたのである」(一三一頁 KD. 205)。

ただし、この「ねばならない」は、人は必ず誰かと結婚せねばならない、という意味ではない。あくまで「この相手と」結婚せねばならないという決断の事柄であり、それは同時に、この相手と結婚しないことを選ばねばならない、という決断の可能性をも含んでいる。創造に由来する男女の秩序こそがバルトにとってもっとも重要であり、結婚は、創造の必然的帰結ではないからである。

要件② 生の交わりとしての結婚は「遂行すべき課題」とならねばならない

結婚の決断によって、結婚した二人は、その共同的生の全体において神の命令のもとに服属することになる。この生の交わりは、単に一度の決断によって完結し、「誰の膝もとにも自然と転がりこんでくるようなもの」ではなく（一三九頁 KD. 210）、今後、二人が遂行し続けるべき「課題」となる。だからバルトは、正しい結婚とは「意識的に熟慮され、責任ある仕方で着手されたわざ（Werk）」であると形容している（一三九頁 KD. 201）。

そのため、一時の「情熱」で結婚が成り立つわけではなく、正しい結婚は「理性的な結婚（Vernunftehe）」であり（一三九頁 KD. 210）、そこに働く愛も、理性的な愛であるとバルトは言う。そして、正しい結婚とは、生の交わりこそが目的であり、他の目的（生殖、家計など）のための手段として従属させてはならないことにも留意している。ここには、かつてのローマ教会が標榜していた「生殖の手段としての結婚」に対する全面的な否定が見て取れよう。それと同時に、プロテスタンティズムの結婚論の第二の軸である愛‐情欲の視点から見ると、情熱的な愛とも、性への情欲とも距離を取り、理性によって均衡を図ろうとする姿勢がうかがえる。愛や情欲だけでは、神の命令を遂行し続けることはできないからである。

要件③　正しい結婚とは、男女の秩序を廃棄するような「一つになること」とは異なる意味で、肉体的にも精神的にも、完全で全体的な生の交わりである

結婚とは、二人の男女が生の全体において、つまり肉体的にも精神的にも一つとなることである。前節で『エフェソ書』の「わたしたちは、キリストの体の一部なのです」という語句を引用したが、まさに、結婚とは『新約聖書』が描く意味において、キリストのもとで「一つの体」になることだとバルトは言う（一四三頁 KD. 212）。

ただし、だからといって、先に男女の区別や秩序／順序が失われてしまってはならない。そうではなく、男女が結婚において正しく交わることで、男は男として、女は女として自由になる、そうバルトは主張している。だが、男女関係の議論では内実のなかった男女の秩序／順序は、結婚論において、一歩踏み込んだ内実が与えられていることに注意が必要である。バルトは、この二人の生の交わりを導き維持する責任が男の側にあるという。あれほど順序は男性優位を意味するわけではないと繰り返したバルトだが、この結婚という関係維持の主導権は男に責任があるという理解を示している（一五〇頁以下 KD. 216ff.）。この危ういゆらぎをどう解釈するかによって、バルトの保守性をどの程度見て取るかという評価も変わってくるだろう。筆者は、少なくともこの点においては、バルトの男女論と結婚論のあいだに若干の飛躍が生じていると判断したい。

要件④　結婚は排他的な生の交わりである

結婚はその本質からして、三人目以上の人が加わらない排他的な交わりであり、一夫一婦制であるべきだとバルトは言う。ただし、ここで注意したいのは、一夫一婦制は単なる社会的・因襲的な義務や要求ではなく、バルトによれば、「福音」「恵み」であるという点である。なぜならば、人は排他的に配偶者と自由な（正しくは、神によって自由にさせられた）決断によって結婚の契約を結ぶが、この人間的な次元での排他的契約の行為のなかで、神とただ一人この私とが契約を結ぶという神‐人の排他的関係が「模写」されるからである（一五八頁以下 KD. 220ff.）。一夫一婦制度は、婚姻関係という社会的・法的理由ゆえに存在するのではない。それは、神との特権的な契約の反復として、私たちが「神にそうすることがゆるされている」からこそ、喜ばしい恵みとして感謝し、受け取るべきものなのである。

要件⑤　結婚は永続的な交わりである

結婚は永続的な交わりであるというのは、前節で見た「神が合わせたものを、人が離してはならない」という離婚禁止事項に由来する。また、ここには「友達付き合い的な結婚」や「一時的な結婚」のような、結婚にいわば「お試し期間」を設ける恋愛遊戯、恋愛実験を断固として拒否する姿勢も表われている（一七五頁 KD. 231）。バルト自身がこのような若者めいた（?）語を用いているあたりに、むしろ、当時の結婚に対する風潮がよく表われているのだろう。

それでは、バルトは離婚についてはどう考えていたのだろうか。人は離婚できないのか。バルトによれば、人は離婚「できる」。なぜなら、正しい結婚とは「神が合わせた」結婚であるが、だからといって、すべての結婚が、神が合わせたとは限らないからである。

確かに、イエスの言葉はひっくり返してこう言うことはできない。「神が合わせたのではないものを、人は分かたねばならない」と。ただ、次のことは決定されている。それは、その場合、人は彼らを分かつことができる（し、また特定の状況においてはおそらく分かたねばならない）ということである。（一八五頁 KD. 236–237）

人は神に命じられたと信じることで、結婚という決断を行なう。だが、その決断はただちにそれが「正しい」結婚であることを保証はしない。なぜならば、その結婚は本当に神が合わせたものではなく、そう信じた人間の恣意や誤謬に基づくかもしれないからである。人は、過ちうるのである。バルトは、この過ちの可能性――もちろん、それは神が過つ可能性ではなく、人間が過つ可能性である――があるからこそ、離婚の可能性は排除されてはならない、と指摘している。

以上が、バルトの考える「正しい」結婚の主たる構成要件である。一般的にイメージされるプロテスタンティズムの結婚論――情欲を否定し、愛を原理とする結婚――とは大きく異なっていることがうかがえるだろう。3において、愛と情欲の調停がプロテスタンティズムの結婚論の基本軸の一つであることを示したが、バルトは、愛と情欲という軸全体を「神の命令」のもとに置くことで、人間的な次元に属する軸自体を弁証法的に調停し、神の命令－人の服従という垂直的かつ絶対的な軸へと入れ替えたのである。端的に言って、バルトの結婚論において、愛はその本質を占めていない。

❖「完全に正しい結婚」は可能か

それでは、バルトは結婚における愛を結局のところ、どのように理解していたのだろうか。バルトは、もはや愛を人間の感情としては理解しない。そして、愛概念は神－人という絶対的な軸のもとで、特殊に定義されていく。

> 愛とは、一人の男と一人の女の自由な決断のことである。すなわち、そのなかで彼らが両方の側で、神によって結婚という生の交わりへと合わせられ、そのようにして互いに自分たちが召されていると理解し、また賜物を与えられていると理解し、互いに与えあい、互いに切望しあうことがゆるされる自由な決断である。（一九八頁 KD. 244）

ここに、私たちが確認してきた結婚の決断概念が反復されているのは指摘するまでもない。つまるところ、バルトにとっての愛とは、相手への豊かな人間的感情ではなく、相手と関係を結ぶことが神によってゆるされていると信じる決断の行為である。そうした決断のない愛情の志向性を、バルトは愛着（Neigung）——たとえば片思いと考えればよい——と呼び、ここには必然性と責任性が欠けていると指摘している（二〇三頁以下 KD. 247ff.）。愛着だけで、つまり相手を好きだというだけで結婚を基礎づけるには十分ではない。また、相手を求めるという愛の働き（いわゆるエロース）は、それが肉体的な欲望、つまり情欲であれ、精神的な欲望であれ、単に相手を求めている限りは、決して結婚を基礎づけられない（二〇一頁以下 KD. 246ff.）。むしろ、理性的に、結婚という生の交わりを課題として引き受け、そのなかで相手に奉仕し、相手に何かを与えようとすることが先行しなければ、神の命令を遂行したことにはならない、とバルトは言う。

このように、近代の終末期とも言える時代において、バルトは、男女関係全体を聖なる次元に置きなおすことで結婚を考え、またそれによって、結婚を神の命令として理解することで愛と情欲の問題軸を止揚し、聖－俗、愛－情欲という二つの伝統的な問題軸をすべて、神の命令－人の服従という第三の、究極的な軸へと服属させたのである。この意味において、神から考えられたプロテスタンティズムの結婚論の、いわば一つの最終形態だったと言えよう。

ところで、バルトが考えた「完全に正しい結婚」なるものを、人びとは正しく遂行できているのだろうか。バルトは、実際にはそんなものが存在したためしがないという。人は実際には、神の召命を実現できておらず、その点で罪人《つみびと》である。人は誰もが情欲にまみれた「姦淫する者」であり、結婚に関する神の「命令」は、人を罪人として告発し続ける厳しい「誡《いまし》め（Gebot）」でもある。要するに、結婚は「罪の解決」ではない。情欲という問題群は、決して結婚においても破棄されたわけではなく、現実の人間につきまとい、蝕んでいるのだ。そのため、情欲に動かされ、神の命令を果たしえない人間の罪は、イエス・キリストにおいてゆるされることへと向かわざるをえない。バルトの結婚論は『教会教義学』の第三部「創造論」の一部を構成していたが、結婚というテーマであっても、最終的に、キリストによる罪のゆるしが扱われる第四部「和解論」へと接続されていくのである。

5 おわりに

以上、プロテスタンティズムの結婚論の全体的な枠組みを押さえつつ、そのサンプルケースとして、バルトの結婚論をたどってきた。繰り返しになるが、バルトの結婚論は、愛ではなく、二人が神に召されていると自由に決断することを結婚の本質に置く点において、「神から」考えられた結婚論であり、プロテスタンティズムの結婚論の「発展形」ないし「究極形」だと言えよう。と同時に、結婚論の前提としてたえず創造論が参照されることによって、①近代社会が自明視してきた（そしてバルトの時代にはすでに解体されつつあった）ジェンダー的枠組みを聖書的に再定式化している点、②他方で、結婚の目的が生殖とされず、血縁・家などではなく、個人の自由な決断が特権化されている個人主義的な点において、良くも悪くも、「近代から現代への移行期」の神学的結婚論であると言えるのではないだろうか。

また、バルトの議論を振り返ると、創造論に胚胎している「人間としてではなく、男／女として造られる」という性差の本質論が、プロテスタンティズム（ひいてはキリスト教思想全体）のなかで容易に復活し、結婚関係全体をも規定していく潜在性をもっていることを、私たちは理解しなければならない。キリスト教的視点に立つならば、（バルトの区別で言う）婚姻関係のみを取り上げ、それを制度的に解釈し直すことで新しい結婚像、家族像を考えることは、あまり意味がない。多くのフェミニズム神学、クィア神学などの試みも視野に入れつつ、人が男／女として生まれるという「創造の出来事」そのものにさかのぼり、そのことの意味を不断に、大胆に問い直す必要があるのだろう。[11]
人は第一義的に男として／女として造られているのか、はたまた、人間として造られているのか。キリスト教的に再考すべきは、まさにこの人としての根源なのだ。

（1）戦後日本社会においてキリスト教式の結婚式が増加した背景を宗教社会学的に研究したものとして、濱田の優れた研究がある（濱田 二〇〇一）。
（2）戦後におけるフェミニズム神学の台頭については、栗林の記述が簡単な見取り図を与えてくれる（栗林 二〇〇四、九一頁以下）。
（3）古代教父から現代に至るカトリックにおける結婚理解の変遷ついては、浜口の研究が詳しい（浜口 二〇一〇）。また、プロテスタンティズムを中心とした結婚論史は、森本の概略も有益（森本 一九九九）。
（4）ルターの結婚論については、やや古いが、石居正己の研究（石居 一九七七）が大変参考になる。
（5）ルターの引用は、ワイマール版全集と呼ばれる原典頁数をあげるのが慣例となっている。WA. VI 550 とある場合、ワイマール版の第六巻五五〇頁を指す。

（6）男女や性に関係する『創世記』その他の聖書箇所を、関根清三はより詳しく聖書学的・倫理学的に検討しており、一読の価値がある（関根 一九九九）。
（7）キリスト教思想も含めた西洋思想史における情欲との格闘は、ブラックバーンの著作において非常に具体的に描かれている（ブラックバーン 二〇一一）。
（8）ボヴェーの結婚学については、熊澤の議論を参照（熊澤 一九九九）。
（9）『教会教義学』からの引用は、原典頁を示すのが慣例になっている。KD. III, 1, 1とある場合、『教会教義学』の第三部第一章の一頁を指す。引用はおおむね邦訳によるが、一部、以下の普及版を参照して、訳語に手を入れている。Barth, Karl（1993）, *Die kirchliche Dogmatik*, Studienausgabe 19–20, TVZ. 各所にある強調はいずれも原文のままである。［ ］は引用者による補足である。
（10）バルトは一九五一年にこの議論を著述しているが、その二年前に刊行されたのが、ボーヴォワール『第二の性』であり、バルトもそれに目を通している。ボーヴォワールが、文化による女性の抑圧を批判し、そこからの女性の解放を説く点においては同意する。だが、彼女が描く男性像それ自体が空想の産物であり、かつ、ボーヴォワールが描く女は、その空想たる男性になろうとしていると批判している（八八頁以下 KD. 179ff.）。
（11）創造における女性の位置づけを聖書学的に読み直す試みとして、手ごろで読みやすいものとして今道の論考をあげておく（今道 一九九三）。

参考文献

アウグスティヌス（一九七九）「結婚の善」岡野昌雄訳、『アウグスティヌス著作集 第七巻』教文館。

石居正己（一九七七）「ルターにおける結婚の問題」『神学雑誌』第一〇号、日本ルーテル神学大学。

今道瑤子（一九九三）「旧約聖書における女性」『女性と男性――キリスト教の性・教育・結婚の理解』百瀬文晃・井上英治編、中央出版社。

熊澤義宣（一九九九）「変貌する結婚・家族像の中で――ボヴェー「結婚学」とその後」『講座現代キリスト教倫理2　性と結婚』関根清三編、日本基督教団出版局。

栗林輝夫（二〇〇四）『現代神学の最前線――「バルト以後」の半世紀を読む』新教出版社。

関根清三（一九九九）「性と結婚を聖書に問う」『講座現代キリスト教倫理2　性と結婚』関根清三編、日本基督教団出版局。

浜口吉隆（二〇一〇）『結婚の神学と倫理』南窓社。

濱田陽（二〇〇一）「「無宗教」への「対話」――チャペル・ウェディングと、日本のキリスト教」『宗教と社会』第七号、「宗教と社会」学会。

バルト、カール（一九八〇ａ）『教会教義学　創造論Ⅳ／1　創造者なる神の誡め〈i〉』吉永正義訳、新教出版社。

バルト、カール（一九八〇ｂ）『教会教義学　創造論Ⅳ／2　創造者なる神の誡め〈ii〉』吉永正義訳、新教出版社。

ブラックバーン、サイモン（二〇一一）『哲人たちはいかにして色欲と闘ってきたのか』屋代通子訳、築地書館。

森本あんり（一九九九）「性と結婚の歴史」『講座現代キリスト教倫理2　性と結婚』関根清三編、日本基督教団出版局。

リクルートブライダル総研（二〇一四）『ゼクシィ結婚トレンド調査二〇一四年度版（全国版）』（http://bridal-souken.net/data/trend2014/XY_MT_14_release_00zenkoku.pdf）

ルター、マルティン（一九六九）「教会のバビロン捕囚について」岸千年訳、『ルター著作集　第一集第三巻』聖文舎。
ルター、マルティン（一九七三a）「一般の牧師たちのための結婚式文」青山四郎訳、『ルター著作集　第一集第九巻』聖文舎。
ルター、マルティン（一九七三b）「結婚問題について」石居正己訳、『ルター著作集　第一集第九巻』聖文舎。

なお、聖書からの引用はいずれも『新共同訳　聖書』（日本聖書協会）による。また、引用に際して、改行箇所については表記を省略した。

【付記】　本研究は、ＪＳＰＳ科研費（課題番号25370026）および（課題番号25370083）の助成を受けたものである。同様に、二〇一五年度南山大学パッヘ研究奨励金Ｉ－Ａ－２の成果である。

ブックガイド

百瀬文晃・井上英治編『女性と男性――キリスト教の性・教育・結婚の理解』（中央出版社、一九九三年）
関根清三編『講座現代キリスト教倫理２　性と結婚』（日本基督教教団出版局、一九九九年）
まとめて二冊紹介。キリスト教における性・愛・結婚といった問題群を考えるうえで、基本的な問題の所在を教えてくれるのが、この二冊である（前者はカトリック中心、後者はプロテスタント中心）。いずれもやや出版年が古いので、現代的問題については、より新しい書籍でフォローするのがよいだろう。
サイモン・ブラックバーン『哲人たちはいかにして色欲と闘ってきたのか』屋代通子訳（築地書館、二〇一一年）

キャッチーなタイトル、装丁とは裏腹に、色欲をめぐる西洋思想史として、重要な思想家たちの議論をきちんと押さえている。単なる禁欲の勧めではなく、色欲の肯定的側面を正当に評価している点も好印象である。パウロに一章割かれていないのがやや残念か。

浜口吉隆『結婚の神学と倫理』(南窓社、二〇一〇年)

カトリック思想史における結婚観の変遷や、現代カトリックにおける結婚規定を理解しようと思うなら、必読の一冊。日本国内のキリスト教研究は、どこかプロテスタンティズムに偏重した点があり、そうした偏重を相対化する意味でも重要。

金子晴勇『愛の思想史——愛の類型と秩序の思想史』(知泉書館、二〇〇三年)

本章ではあまり踏み込むことのできなかった、古代から現代に至るキリスト教(および西洋全体)における「愛の思想史」の見取り図を知るにはこの一冊。本書第2章も読んだうえで挑戦するとよいだろう。

堀江有里『「レズビアン」という生き方——キリスト教の異性愛主義を問う』(新教出版社、二〇〇六年)

本章では踏み込めなかった、キリスト教における同性愛問題を考えるうえで目を通したい一冊。レズビアンであることを公表した牧師の苦闘の記録。同性愛問題を網羅的に扱っているわけではないが、現代日本のキリスト教が、同性愛に対してどれほど冷淡な視線を送っているかを感じとってほしい。

第4章　恋愛の常識と非常識
――シャルル・フーリエの場合――

福島知己

1　恋愛と結婚、その常識と非常識

❖常識がはらむ微妙な問題

片思いをある日諦めるということは青春の思い出であろう。思いを寄せている相手を好きになった親友のために自分の気持ちを隠し通すということは、しばしばドラマの設定にもなっている。大震災のあとで独り暮らしの不安に耐えられなくなり結婚相手を探すようになったとか、長く連れ添ったカップルが友人たちの後押しで結婚するといったことは、私たちの胸を打つ。それと同時に、恋愛結婚したはずなのに子育てに疲れて離婚に至るとか、義父の介護に時間を取られるうちに家族が崩壊するといったことも、話を聞くだけで涙してしまう。したがってある意味でこうした断念は普遍的な経験と言える。普遍的というのは、事実かどうかはともかくとして、私たちがその〈物語〉にある程度まで納得してしまう、ということである。

しかし、普遍的ではあっても、私たちは通常、それを公的な問題とは考えない。民主主義や機会の平等といった原理が政治的に正当であると認められている社会でも、「俺ではなくあいつを彼氏に選ぶのは平等でない」などと真剣に問い詰めてくるような男にはくれぐれも警戒し、早めに誰かに相談したほうがよい。恋愛が私的領域の問題であって、公的領域で一般に承認されているような原理がそれには当てはまらないということは、広く了解されている。

ところで改めて考えてみて、恋愛が私的な事柄にすぎないと考えるのは、どこまで正しいだろうか。本当に私的なものだとしたら、あれほどコイバナに花を咲かせたり、テレビのワイドショーで芸能人の恋愛を取り上げるだろうか。他人のことだから気軽に口出ししているとか、ただの暇つぶしにすぎないとかではなく（もちろんそういった側面もあるだろうが）、そこに自分の生にとって不可欠のものを見出しているから参加するのではないだろうか。

あるいはまた、結婚とは何かを考えてみよう。シジウィックというイギリスの倫理学者は、結婚とは常識においてどのようなものとみなされているかを観察して、次のような三つの基準を掲げている。①一夫一婦による、②少なくとも意図においては永続的であろうとしている、③近親婚でない。この定義は一九〇七年に記されたものだが、それからすでに一世紀以上が過ぎているにもかかわらず、似たような考えを抱く人は多いのではないだろうか。

ところで、シジウィック自身が指摘していることだが、この基準のうち二番目には微妙な問題がはらまれているようだ。常識に照らすと、恋愛にとどまらず感情全般について、ある日突然終わりがあることは仕方ないし、むしろ心変わりがあって当然とさえ信じられている。それにもかかわらず、夫婦の情愛についてだけ永続性を意図するのはなぜだろうか。さらに言えば、個人の意図の範囲を超えて、婚姻届けの提出や各種の法的規制によって、結婚による結びつきが社会的ないし政治的に守ろうとされていないだろうか。シジウィックは、最終的には結婚は子どもの養育という社会的目的によって擁護される、と結論づけているようだが、その考えは正しいだろうか。

❖常識を相対化する

私たちはこういった問題をさまざまな角度から考えることができる。その通り、と言うこともできる。正面から反論するやり方もある。あるいはまた、問題の立て方がおかしいのではないかと言うこともできるだろう。普遍性と公共性は別なのであって、公的な領域と私的な領域を截然《せつぜん》と区別してどちらかに当てはめようとする考え方はおかしいのではないか。感情とはそもそも永続的なものか、それとも一時的なものかと二者択一を迫るのは無理なことなのではないか。

別の角度から考えると、いま二つの別々の問題として示したものを、ある仕方でつながっているとみなすこともできる。ハンナ・アレントという政治哲学者は、『人間の条件』という本のなかで、人間はいつでも心変わりをする、頼りにならない存在だし、何をしたら他人に受け入れられるか、あるいは傷つけるかを知ることもできない、と述べている。しかし、約束を守ることが、過ちをゆるすことと並んで、このような「二重の暗闇」をある程度まで克服させてくれる。だからこれら（約束とゆるし）は「公的領域を照らす光」なのであるという。アレントの立場から考えると、恋愛の心変わりは人間の条件だし、それを克服する約束――結婚――によってはじめて私たちは公的領域のとば口に立つのである。

ところで以下で試みたいのは、この問いの正答を出すことではない。そうではなくて、さらに別の仕方で問題を考えたとき、どんな世界が想像できるかということなのである。そうすることによって、恋愛をめぐる私たちの常識を少しだけ相対化してみたい。

素材になるのは、シャルル・フーリエという十九世紀前半を生きたフランス人が記した架空の物語である。以下ではまずフーリエについて簡単に説明したあとで、物語のあらすじを読んでもらい、さらに説明を加えていこう。

2　『愛の新世界』の描く世界

✣シャルル・フーリエと『愛の新世界』

フーリエは一般には初期社会主義者として知られる。もっとも、「社会主義」という言葉自体がフーリエの死後になってはじめて広まった表現なので、本人が自分のことを社会主義者と思っていたわけではない。彼の晩年から死後にかけて、その意見に賛同した人びとが社会問題の解決を目指して議員選挙に出馬したり、リヨンで民衆暴動の担い手になった労働者たちのなかにフーリエ主義者がいたりしたから、フーリエ主義全体が社会主義の一種とみなされ、その創始者も社会主義者に擬せられるようになった。

本人の自己規定がないだけに、彼が何者かと一言で言うのは難しい。フランス社会は十八世紀後半から十九世紀前半にかけて大きく変わった。アンシャン・レジームの不穏な空気から始まって、フランス革命が勃発したあと、さまざまな混乱を味わい、ナポレオンが登場した。その後、王政復古を経て、一八三〇年の七月革命によってルイ・フィリップの立憲王政が成立した。めまぐるしく政体が変わる変動の時代には改革を説く数多くの著作がさまざまな論者によって世に出されたが、フーリエもそのような著作を記した文筆家の一人だった。そして、宇宙創成論まで含む全体理論の一環として社会システムを描こうとする志向をもった社会理論家の一人だった。

フーリエの最初の著書は一八〇八年に刊行された『四運動の理論』だが、反響のなさに絶望して隠遁、次の著作は一八二二年の『家政と農業のアソシアシオン概論』(後年弟子たちによって『普遍的統一の理論』と改題される)まで待たなければならなかった。一八二九年の『産業とソシエテールの新世界』頃から注目が集まり始めた。フーリエの没後、一八三〇年代後半から一八四〇年代にかけて、彼の弟子たちは「ソシエテール学派」を名乗って相当な政治勢力になっていく。しかし、この運動は一八四八年の二月革命から六月蜂起までを頂点にして、ルイ・ナポレオンの大統領就任と一八五二年のナポレオン帝政成立によってほぼ崩壊した。

一八一〇年代後半の隠遁期に書きためた原稿をもとにした著作が『愛の新世界』である。この本を構成する文章は、死後に原稿を保管していた弟子たちが内容の奔放さに臆して秘匿したので、ごく一部が公表されたことを除けば、はじめて活字になったのは一九六七年になってからにすぎない。しかし、フーリエが一八二〇年代以降現実化を旗印に掲げて理論的な豊かさをむしろ抑制していったのに対して、これらの草稿には彼のほとんど直感的とも言える秀逸な着想が溢れており、今日では代表作の一つとみなされている。

以下で示す物語はこの『愛の新世界』の一部であるが、戯曲形式で書かれている。フーリエによれば、彼の考える社会理論の諸規則に沿えば当然起こるはずの事態を描いたものである。その意味で、単なる奇想天外な虚構ではなく、同書で示されている理論の例証をなすものと位置づけられている。それは思想を血肉をもって描写する手段だったのである。

架空の逸話によって例証を行なうのはこの挿話に限った話ではなく、フーリエの著作では頻繁に見られるやり方である。問題の根本的な解決策を立法や統治にゆだねる十九世紀前半のやり方とも、事態を社会問題化することによって世論の喚起をねらう十九世紀後半のやり方とも違って、架空の個別例の叙述を通じて私たち人間の可能性を知らしめるというこのやり方を、ユートピア的な思想の方法と呼ぶことができる。その意味では『ペルシア人の手紙』のモンテスキューからディドロの『ブーガンヴィル航海記補遺』に至る十八世紀的な考え方の末裔《まつえい》と言えるものである。ただしフーリエが直接にこれらの著作に通じていたというわけではなく、さまざまな機会を通じて間接的に見知った知識や全般的な雰囲気がこのやり方を選択させたのである。

❖聖英雌ファクマの物語

——世界的に調和時代が訪れた未来、遍歴騎士団に属して世界各地を転戦して回る人びとのうちの一人、美しき偉丈婦ファクマが、小アジアの都市クニドスに捕虜として捕らえられた。彼女が属する黄水仙《キズイセン》群団・隊団は男女およそ千人の冒険者からなり、北インドで招集され、ペルシア、アルメニアをすでに横断し、両ボスポラスとトロアスを訪れた後、小アジア最西端のエフェソス、ハルカリナソス、クニドスを通ってから、キクラデス諸島を経由してギリシアに向かい、西ヨーロッパに抜ける予定だった。

前哨としてクニドス周辺を探索中のファクマたちを「チェス・ゲームに比すべき陣取り合戦の結果」として捕虜にしたバッコス巫女たちは、「恋愛に関して捕虜たちを所有する権利の一切」をこの後二十四時間にわたってもつが、早く攻撃方に戻りたいので、権利の譲渡を宣言した。捕虜が主人を変えるたびに捕囚期間は常に半分に減額される。捕虜と恋愛する権利を得るため恋愛法廷が開廷されることになった。

固い書き方をしているが、要するに半日間の恋人を決める集団見合いである。街コンであり、出会い系である。

ファクマはグルジア出身で三十二歳、ボスポラスの五か国の寵姫であり、聖女にして英雌。黄水仙群団には三日前に合流したばかりだった。ともに捕まった七人の捕虜の相手がそれぞれ決まったあと、アリストファネス、クリテュスなど八人の求愛者によってファクマをめぐる恋のさや当てが始まった。彼らは口々に求愛するが、ファクマの返事は彼らを当惑させずにはおかなかった。

「私は黄水仙群団に合流するまで一か月にわたって、アルメニアのエデン軍隊で、タタールのとある可汗《ハン》と激しい排他的な恋愛に明け暮れていました。しかし魂を純化し、徳の小径に立ち返るため、心情愛を必要としています。官能を求めることを一切忘れ、純化された愛の炎を燃やしていただきたいのです」。

ファクマを半日にわたって好きにしてよいと聞いたとき、八人の求愛者たちが思ったのは、すぐ二人きりになって、寸暇を惜しむようにして官能愛にふけることだったかもしれない。フーリエの言葉ではこれは唯物愛と呼ばれる。しかしファクマが提示した条件は心情愛をいとなむことだった。純粋に精神的な愛、世に言う（語源からは離れて）プラトニックラブである。脱がせない。一瞬でさえ官能に誘われてはならない。

求愛者たちは当然のように腹を立てた。なにしろファクマが心情愛を求める理由は、それまで一か月にわたって肉欲の日々を送ったので疲れたから、というだけなのである。

「うるわしい想念だけでは生きていけない」。

「私たちを人間として遇してください」。

求愛者たちが要求を受け入れないのを見て、ファクマは譲歩を重ね、八人のうち一人が純粋心情愛をいとなんでくれれば、残りの七人に唯物愛を捧げると提案した。恋愛法廷に定められた恋愛は純粋心情愛の相手といとなむが、交渉の過程で戦術的に提案された唯物愛が他の七人の求愛者に提供されるというわけである。

ファクマは意外とずるずる行くタイプなので、強く言われると譲歩してしまう。しかし八分の一は譲らない。根が気丈なのである。

たとえば一人の男が相手なら、一日の八分の七は男の言うことを聞くけれど、八分の一は自分のやり方に合わせてもらうということで、それならこの唯物愛的な求愛者たちも我慢できたかもしれない。しかし八人の男たちのあいだで割り振るのでは話が変わる。男たちは貧乏籤《くじ》を押しつけあったあげく、結局この提案を退けた。ファクマにとっては純粋心情愛が当たり籤だが、求愛者にとっては外れ籤なのである。

議論が平行線をたどり、ついにファクマは怒って、交渉を打ち切り、彼らの誰とも一切の恋愛をいとなまないと宣言した。

「あなた方との交渉は打ち切りです。あなた方のだれひとり私をものにすることはゆるされないと断言しておきます」。

これを聞いた求愛者の一人、クリテュスは、驚きのあまり失神してしまった。彼なりにファクマに本気で恋していたのである。

失神したクリテュスを見たファクマは、自分の提案が彼を苦しめたのを知り、「埋め合わせ」として、クリテュスと恋愛をいとなもうと考えた。ぐらっときやすいのである。

けれども他の求愛者たちにとってこの心変わりはゆるせるものではなかった。

「気絶すればあなたの心を奪えたというわけですか。ではそう言っていただいていればよかったのです」。

そして、八人の求愛者たちの訴えにより、ファクマは、魂と肉体の両方におよぶ悲しみである複合落胆をもたらしたので、「統一の掟」に反するという基軸的な罪を犯したと判定された。

基軸的罪を償うには常に七倍にして返さなくてはいけない。ファクマは、彼女を救う手立てを相談する人びとを押しとどめ、潔く贖罪を誓い、男女合わせて五十四人(1)のクニドス人に唯物愛を捧げることを宣言した。

これを聞いてクニドス人たちは、ファクマの気高さに感嘆の声を挙げ、自分もそのようにありたいと願った。そのとき、バグダッド国守の息子で二十三歳の冒険熾天使イゾムがやって来て、ファクマへの生涯の純粋心情愛を誓う。

「たとえ未来永劫あなたをものにすることがなくとも、あまたの人々の幸福を目にしながら熱狂をいっそう強くしなくてはならなくても、快楽をともにしたいと一言も言わずにあなたの快楽をわが喜びとしなくてはならなくても、一向にかまいません」。

ファクマを永遠に愛し、しかもファクマに対して生涯禁欲するというイゾムの誓いによって、彼女が最初に要求していた精神的な愛の享受がはるかに大きな仕方で満たされた。

最初の求愛者たちの言動こそ罪に値するものだったことがいまや明らかになった。彼らも「名誉を選び」、罪の償いを誓う。彼らに課された刑は、女性同性愛者の幇助《ほうじょ》をするということだった。……

3　外面的観察

❖モンテスキュー『クニドス神殿』

この物語の舞台として名前があがっているクニドスという都市は実在した。現在は遺跡が残るだけだが、アナトリア半島（現在はトルコ領）にあった古代ギリシアの植民市である。クニドスは十八世紀にも文学作品の舞台になっている。モンテスキュー（一六八九－一七五五年）が一七二五年に『クニドス神殿』という題名の散文詩を書いているのである。モンテスキューの主著『法の精神』（一七四八年）は今日で言う三権分立の考え方の基礎になった本として名高いが、当時の文人はもっと多彩な著述活動をしていた。『クニドス神殿』は恋愛をうたった詩であり、一七二一年に『ペルシア人の手紙』で大成功を収めたモンテスキューが次に出した作品である。

『クニドス神殿』は『ペルシア人の手紙』ほど評判になったわけではないが、それでも版を重ね、十八世紀を通じて流通していた。だから十九世紀のはじめに書かれたファクマの物語の舞台がクニドスに設定されていれば、『クニドス神殿』を思い出すほかない。十二月二十四日にデートを申し込まれれば何かを期待してしまうのと同じくらい、舞台がクニドスに設定されることにはあらかじめ意味が充塡されていた。

といってもフーリエが『クニドス神殿』を焼き直したということではない。モンテスキューの作品では登場人物はギリシア人風の名前をもっている。ファクマの物語がもっと東洋的な名前に溢れているのとは対照的である。たしかにどちらの作品においても、恋愛をめぐる旅行が描かれている。クニドス神殿は世界中の恋人たちの聖地であり、年に一度の美人コンテストに世界中から美女が集まって来る。ファクマの物語では、彼女が属する黄水仙群団は恋愛に関わる勲功をあげるため世界中を転戦してまわる最中にクニドスに立ち寄る。しかし決定的な違いとして、『クニドス神殿』では恋愛の懊悩や喜びが優美に表現されているのに対して、ファクマの物語の焦点はそこにはない。唯物愛と精神愛のどちらが問題になるにせよ、それらは恋愛法廷で帰趨《きすう》を決する争点であって、恋愛の美しさが話題になっているわけではないのである。

✣モーパッサン『脂肪の塊』

いま『クニドス神殿』に言及したが、なんらかの点でファクマの物語と比較できる文学作品がほかにもあるだろうか。

いくつか考えられるが、ここではモーパッサン（一八五〇－一八九三年）の短編小説『脂肪の塊』（一八八〇年）を取り上げよう。これも概略をまとめておく。

――『脂肪の塊』の主人公エリザベート・ルーセは高級娼婦だが、寝たくない男の誘いは毅然として断わる気概がある（脂肪の塊《ブール・ド・シュイフ》というのは、小柄だが男心をそそる肉付きをした彼女につけられたあだ名である）。普仏戦争で敗北しドイツ軍に占領されたルーアンからイギリスに脱出するため乗合馬車で移動する途中、トートの町を掌握する士官に一晩を共にするよう命じられたが断わり、腹いせに移動を禁じられる。乗合馬車に同乗していた面々も同時に足止めされるはめになり、焦燥感からエゴイズムを剥き出しにし、士官のものになれとルーセを説得する。懇請に負けた翌朝、独りとめどなく涙を流すルーセを載せて乗合馬車は出発したが、同乗者たちは彼女と決して目を合わせようとしなかった。……

後段との関係で、ここでは二点だけ指摘しておく。

第一に逆転の構図である。誰とでも寝るふしだらな女が結局は誠実で、娼婦に軽蔑のまなざしを向ける上品ぶった面々がエゴイズムから陰謀をたくらむ。修辞学の用語で対義結合（オクシモロン、撞《どう》着《ちゃく》語法ともいう）という言葉があって、ありえない組み合わせの語句をあえて組み合わせることを指す。簡単な例で言えば四角い丸とか白いカラスといったものだが、ここであげられている誠実な娼婦とか、士官と寝るよう女を説得するブルジョワジーも広い意味で対義結合の一種だろう。ところで、育児する父親や女性管理職のように、かつて対義結合とみなされたが時代の変化によってそうみなされなくなったものもある。要するに対義結合で問われているのは私たちの常識なのである。常識がよい方向に裏切られたとき私たちは快哉を叫ぶし、常識から考えてありえない例をもちだされれば白けるものである。

第二に説得の仕方である。エゴイストの同乗者たちもルーセへの無理強いにためらいを感じていたが、最終的に彼らの背中を押し、拠り所になったのは、同乗者の一人であった修道尼が示したこんな三段論法だった。どんな罪ある行為でも、神の栄光のため、隣人の幸福のために行なわれる場合には神からゆるされる。ところで、修道尼はル・アーヴルに傷病兵の看護に向かう途中であるので、ここで足止めされることは多くの兵の死を招きかねない。したがって、兵士たちの死の危険と衡量すれば、ルーセの犠牲が正当化される、というわけである。

自分を押し殺して行動するということは誰でも多少とも経験あるかもしれない。しかし『脂肪の塊』では、ルーセに対して士官と寝るという彼女の意に反した行動を懇請する際、それを正当化するための理屈として、傷病兵の看護とルーセの犠牲が天秤にかけられている。屁理屈に聞こえるかもしれないし、実際その通りなのだが、いずれにせよここではただの集団力学ではなくて、一つの倫理が問題になっていることを確認しておこう。

ファクマの物語を牽引していた対立は、聖英雌ファクマとエゴイストの求愛者八人との対立だった。ファクマが五十四人に愛をあたえるからと言って娼婦に擬するのは視野狭窄《きょうさく》という非難を免れないが、それにしても、使命を果たすために自己犠牲をいとわない彼女の気高さと、貧乏籤を押しつけあう八人の求愛者たちの見苦しさとは、ルーセと同乗者たちのものに匹敵する鋭い対照をなしている。

❖売春と同性愛

ファクマは娼婦ではないと述べた。フーリエの時代には高級娼婦がいたし、もちろんもっと大衆的な売春婦もいた。娼婦を扱ったフランス文学の作品としてモーパッサンのものをすでにあげたが、十九世紀にはほかにもバルザックからプルーストまで枚挙にいとまない。パラン＝デュシャトレという公衆衛生学者は一八三六年に『パリ市の売春について』という報告書を刊行し、詳細な社会調査をもとに売春婦の置かれた環境の改善を訴えたが、同書の末尾で「売春婦をなくすことはできない」と断言している。

しかし多人数との性的交渉がそのまま売春ということはない。売春とは金銭を介するものである。ところで、フランスの旧体制下では結婚がカトリックの教義に従って秘蹟とみなされたため、離婚がゆるされていなかったが、革命勃発にともない脱キリスト教化が進行して、一七九二年に離婚が合法化された。このときの政令は、性格の不一致のように夫婦のいずれに瑕疵《かし》がない場合にも離婚が認められたという点で、画期的なものだった。その後十年足らずで、革命の終焉とともにこのときの政令は骨抜きにされていくが、導入間もない一七九三年には結婚件数総計の実に四分の一にあたる数の離婚が成立したとされる。離婚制度の反対派は、数年のうちに三人、四人と次々に結婚相手を変えた男女の例をあげて、離婚制度は家族を売春の隠れ蓑にすぎなくする、などとする論陣を張った。フーリエの著作がこのような状況を踏まえながら書かれていることには注意を払われてよい。フーリエ自身、

「文明世界では、五、六人の秘密の愛人をもちながら、見かけはとりつくろって、一人しかいないふりをしている艶女たちがもてはやされている」と書いているのである。

ファクマの物語が同性愛に言及していることも指摘しておこう。女性同性愛、フーリエの言葉ではサッフォー愛と言うが、唯物愛的な求愛者たちが最後に受け入れた罰はサッフォー愛者の幇助だったのである。

ちなみにサッフォーは古代ギリシアの女流詩人で、レスボス島の出身だから、サッフォー愛という呼び方はレズビアンという名称と同一の起源と言うことができる。

フランス革命前夜の社会不穏の時代には、王妃マリー＝アントワネットが際限を知らない性的不品行をいとなんでおり（いまで言うセックス依存症のような言い方か）、同性愛だろうと近親相姦だろうとおかまいなく、果ては毎夜市街に出て娼婦まがいの振る舞いをしているといった内容の扇動的政治文書が数多く出回っていた。したがって、女性同性愛が好奇の目で見られたり蔑まれたりしていたのは確かである。一方、フーリエは、「パリの女性たちのように、完成可能性への自由をもっている女性は、サッフォー愛への傾向が強い」と書いている。フーリエのお決まりの作戦は、一般に強烈に非難されている対象を取り上げて、その非難を内包したうえで、思わぬ転用を行ない、そこから幸福につながる道筋を示すということであり、この場合でも、女性同性愛に可能性を見出している。

「すでに今日でも、洗練された女性のいるところでならどの女性もあれほどいちゃつきあっているのだから、新秩序ですべてないしほとんどすべての女性が同性愛にふけったとしても驚くには値しない。この傾向の結果として、女性も男性も、英雄ファクマを全員で愛するはずだ、と私は考えた」。ファクマがクニドスで男女問わず大歓迎を受けるのはこのようなことの結果でもある。

4　内容の分析

❖愛の配分

ここまでファクマの物語と他の文学作品の対比や、人目を惹く特徴の観察を行なってきた。次に、もう少し内容を立ち入って検討してみたい。

物語のなかで恋愛の配分がどのように変遷するだろうか。最初と最後にしぼって見てみよう。

前半は、ファクマに唯物愛を要求する八人の求愛者たちと、純粋心情愛にあくまで固執するファクマとの意見の応酬が延々と続く。ファクマはバッコス巫女たちに捕えられたのだが、調和世界では捕虜の譲渡は本人の同意がなければ行なわれないので、まず求愛者たちがファクマを説得しなくてはいけないのである。あらすじでは省略したが、イゾムはもともとファクマと同じく黄水仙群団の分遣隊の一員であり、ファクマと同様にバッコス巫女たちの捕虜となって、すでにオレイテュイアとレウコトエという二人のうら若い女性に「サッフォー愛者補佐」として譲渡されている。サッフォー愛者補佐とは、「二人の女の意のままになり、彼女たちの命令に従って彼女たちの快楽を活性化させるためにのみ介入する恋愛者」である。イゾムはもともとファクマに恋焦がれており、自分が短調聖人位を

図1　冒頭における愛の配分

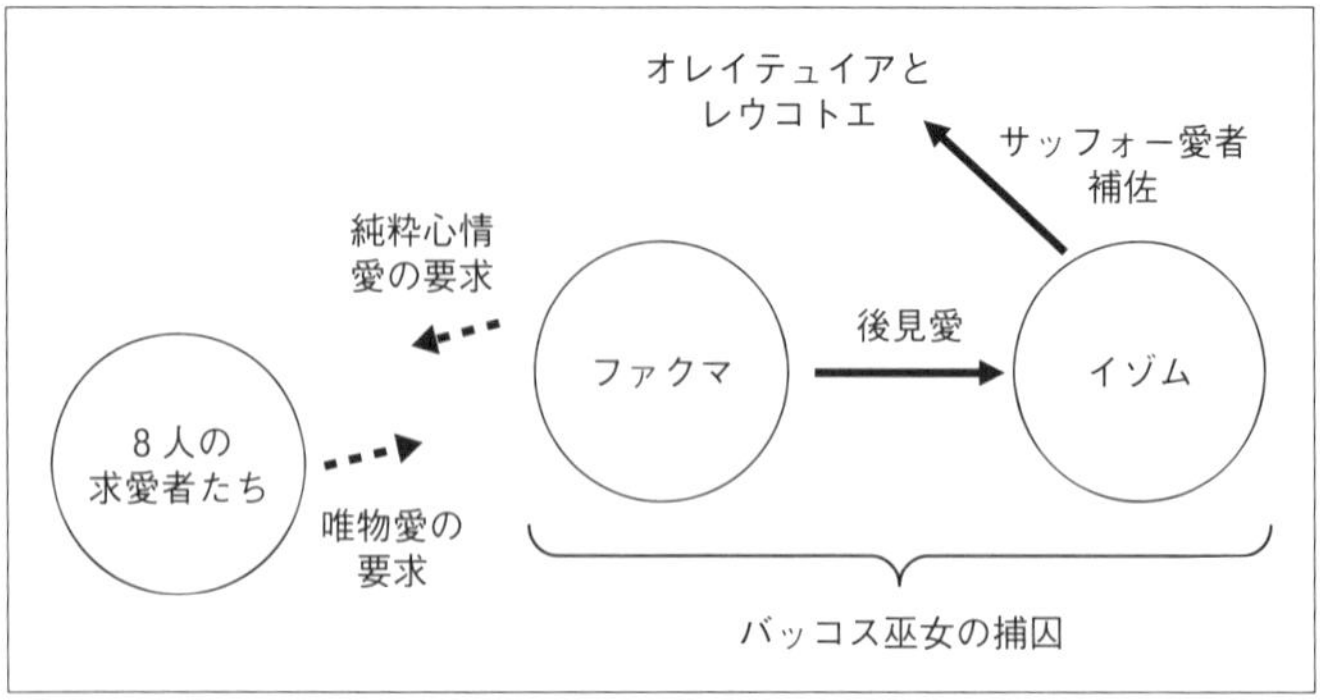

得られるようファクマをたのみにしている。ファクマもそのことをやぶさかでなく思っている。

したがって、八人の求愛者たちを含めて、物語冒頭の愛の配分を図式化すると、**図1**のようになる。

この当初の配分からただちに、八人によるファクマへの求愛に対してどのように応えるかをめぐって紛争が生じる。紛糾の末にファクマは半日間にわたってクリテュスのものになり、イゾムから一生の純粋心情愛を得る。統一の掟に反した罪を償うため、ファクマはクニドスの五十四人の男女に寵愛を捧げることを誓い、同様に七人の求愛者たちも女性同性愛者の帮助という罰を進んで引き受ける。

これもあらすじでは省略したが、イゾムはファクマに一生の純粋心情愛を誓ったことが原因でいくつかの余禄を得る。一つは、イゾムによっておそらく意識されていたもので、この恋愛の偉業を達成したという功績が認められれば短調聖人の位階を昇っていけるということである。もう一つは、イゾム自身はまったく念頭にないものだが、ファクマへの私心の

図2　最終的な愛の配分

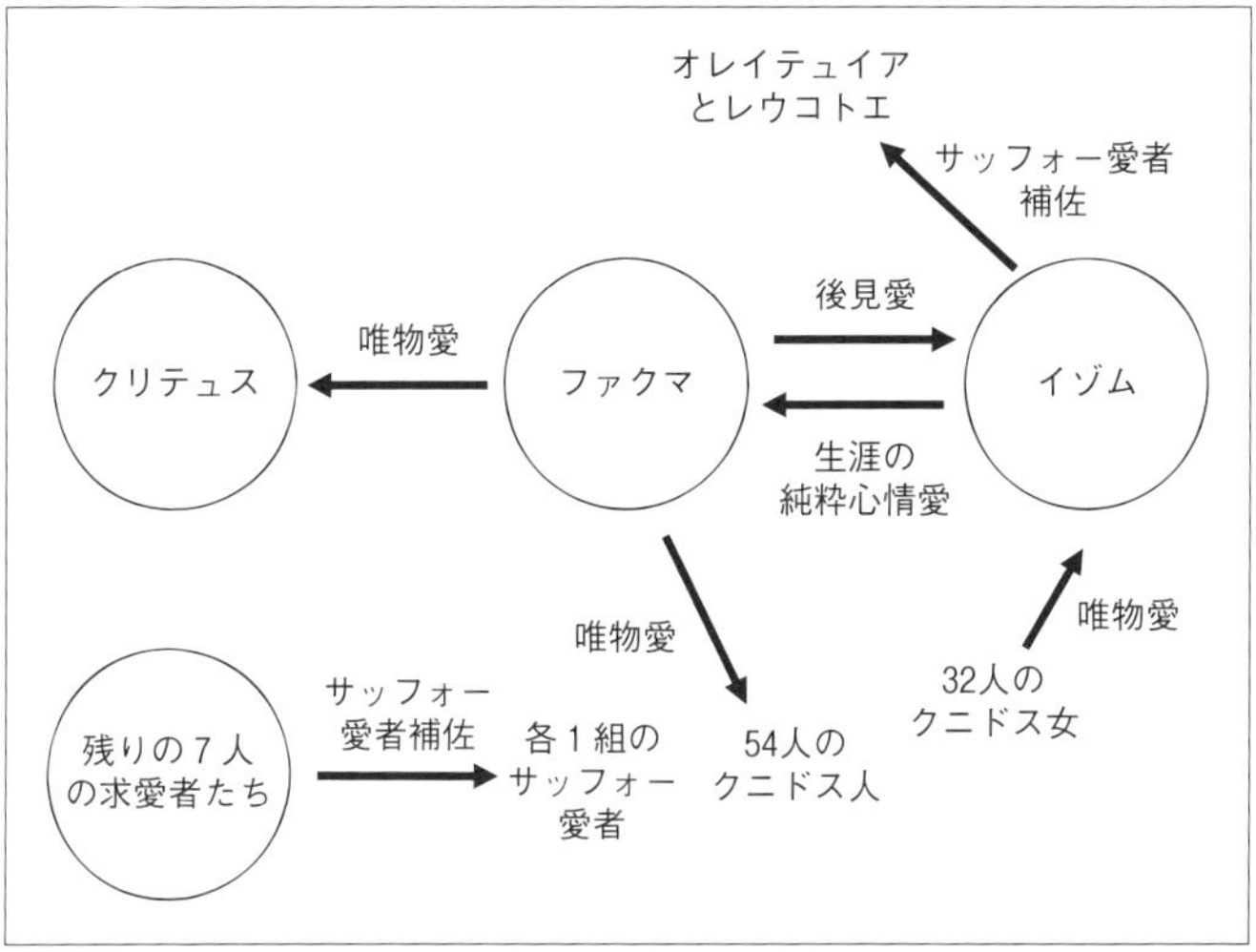

ない愛ゆえに、クニドス女たちの羨望と尊敬を得て、彼女たちを唯物的にものにできるということである。「イゾムは英雌ファクマを口説くためにやってくるほぼすべてのクニドス女たちを手に入れることができる。一人としてイゾムを拒む女性はいないだろう」。つまりイゾムはファクマに純粋心情愛を捧げる代わりに、唯物愛については別の女性たちによって十分すぎるほど満たされることになる。

以上をまとめると最終的な愛の配分が図2のようになっていることがわかる。

フーリエの図式では、心情愛と唯物愛が截然と分けられ、それぞれが別の人との関わりを通じて充足されてもよいとされている。ある意味で心身二元論の極みと呼んでよいほどであって、にわかに納得しにくいものがある。しかし、その点を度外視すれば、最終的な愛の配分ではなんらかのかたちで全員が充足し、万人の幸福が実現しているとわかる。

❖愛の配分の転換点

ところで、**図1と図2**の転換点はどこだっただろうか。八人の求愛者たちとファクマが押し問答を続け、なんの進展もなかったのが、急転直下解決に向かうのは、クリテュスの失神をきっかけにファクマが統一の掟に反するという基軸的な罪を宣せられ、その嫌疑に応えようと五十四人に寵愛を捧げるという決断を下してからであった。

先ほどあらすじを示すとき、私はファクマを人間的な脆さをもった存在として描こうとした。ずるずる行くタイプで、意外とぐらっときやすい、などと書いたのはそのためである。こうした常套句《じょうとうく》的な性格描写はロラン・バルトが「文化的コードの言表」としての「暗黙の諺《ことわざ》」と名づけたようなものである。それが挿入されることによって私たちの人生は個人的な体験の範囲を超えて平凡化されるとともに一般化される。常套句が芝居がかると、私たちの生活からしだいに離れていき、なじめないものになる。あるいは、他人からわけ知り顔で言われたときも疎遠に感じられる。同棲を始めるときに他人から「やめておけ、愛だけでは生きていけないから」、と言われても反発するだけではないだろうか。しかしその四畳半の同棲生活を壮絶な仲違いによって解消するとき、誰でも、愛だけでは生きていけない、とつぶやくのではないだろうか。

だから常套句にも人間的だという利点がある。しかし人間は常套句では測れないものである（これ自体が常套句だが）。明るいと思われている人が内面に悲しみをたたえていたり、まじめ一方の人がある日突然思いがけない行動に出たりする。そして物語もそのように展開する。統一の掟に反するという基軸的な罪を宣せられて以降、ファクマは常套句を離れ、一見すると人間的な倫理の枠をはみ出していくように見える。そしてそのような変身を遂げたファクマに対応するのが、彼女への純粋心情愛を誓うイゾムなのである。

5　恋愛の倫理学

❖統一の掟と最大幸福原理

さらに詳しく検討しよう。

統一の掟とは、フーリエの説明によれば以下のようなものである。「調和世界では、一人のみの利益のために七人を犠牲にするという、統一に反する罪を犯すのは聖人にとって不名誉の極みだということを知っておく必要がある。特定の休止期間に恋愛利己主義に入ってよいのを除けば、聖人は全身全霊博愛に打ちこみ、多数の利益に仕えるべきなのである。ところで、ファクマの現在の身分と今後就きたいと願っている地位に従えば、彼女のふるまいはすべて観察されているし、どんな行動も白日にさらされているので、統一を侵害したという疑惑を少しでもこうむるわけにはいかない」。

ファクマの物語で言う「統一の掟」とは、一言で言えば多数の利益に仕えるということである。

『脂肪の塊』のルーセとは逆に、ファクマは統一の掟をみずから引き受けている。内実は五十四人と寝ることだから、驚くような理屈だが、他人から無理強いされているわけではないのである。一つの自己犠牲であり、ファクマがこの犠牲を進んで選択すると、そのことが万人の感動を呼んで、同様に統一の掟に従おうとする輪が広がっていく。『脂肪の塊』が対立を先鋭化させて幕切れとなるのに対して、ファクマの物語は最終的に万人の幸福へと方向づけられている。

対立とその解消という構図を社会理論として見ると、紛争と統合と言えるかもしれない。ただし、誤解のないよう言えば、一つの紛争をきっかけに社会統合が果たされるということに物語の重心があるわけではない。このような紛争は不断に起こっていることであるが、紛争が幸福な仕方で乗り越えられ、ばらばらになった絆がふたたび結びあわされている。統合ではなく、紛争とその乗り越えに焦点が合わされている。

紛争の争点が恋愛だった。『愛の新世界』についてよくある誤解は、この本で恋愛が統合の原理とみなされているという主張である。実際にはそうではなく、ファクマの愛がどのように提供されるべきかが問われているのであって、再三述べているようにその解決策は恋愛そのものとは別の原理によっている。

また、調和世界では恋愛で偉業を達成することがその人の「職業」的使命とみなされていることも指摘しておこう。調和世界では「人間の幸福に効果的に寄与した人々が聖人や英雄として認められる」。ただし、ここで言う幸福とはごちそうや艶福を含む現世的な利益のことだから、聖人の位階に列せられるのもそのような功績をあげた人である。美食の叡智《えいち》を披露すると長調聖人位を、学問で卓越した業績をあげると長調英雄位を、恋愛で徳を積むと短調聖人位を、芸術で偉業を達成すると短調英雄位を、それぞれ得られる。調和世界では退屈と平板さを避けるため一日のうちに数時間で次々に仕事を変えるため、職業はその人の数ある属性のわずか一つにすぎないが、同様に、英雄とか聖人の位階についても複数を獲得できる。「だれもが順次二つの活躍の場をめざすことができる。青年時に恋愛聖人位に就き、老いてから美食聖人になることができる。二種類の英雄位についても同様である。ある種の芸術、歌唱、舞踏、演劇についての英雄位は若者のものであり、学問や詩などの英雄位は老人の属性である」。実際、ファクマは英雌と聖女の両方の称号をすでに得ており、イゾムはまず短調聖人の称号を手に入れることを目指している。

要するに、統一の掟とは、聖人が名誉にかけて守るべき規範であり（掟を守れず、なんの贖罪も行なわなければ、聖人の地位から失墜する）、その内容は、多数の利益に仕えるということである。

思想史的には、ほぼ同時代のイングランドで理論化された功利主義的な発想に似たところがある。功利主義はジェレミー・ベンサム（一七四八－一八三二年）によって体系化された考え方で、政治的には、少数の人の幸福ばかりが優先される社会は好ましくないので、熟議を経た多数決を通じて、最大多数の最大幸福を実現すべきだという考え方を指す。その際、個々人のこうむる利益と損害を比較衡量して、全体を計算することによって、最大幸福を導き出すことが特徴である。ざっくりまとめてしまえば、『脂肪の塊』で修道尼がルーセの犠牲を正当化するために述べた傷病兵の看護との比較も、ある意味で最大幸福原理に基づいていると言える[2]。

八人の利己主義的な求愛者たちはどうだろうか。たしかに彼らは統一の掟をないがしろにしているように見える。しかし彼らは自身の幸福を追求しているだけであり、このような要求を経なければ最大幸福の計量もできないわけだから、その意味では功利主義原理に従っていないわけではない[3]。

要するに統一の掟も八人の利己主義者の行動も原理的には同じなので、その要求を頑として受けつけないファクマのほうが規則から外れていることになる。だから彼女は統一の掟に反するという嫌疑を掛けられるのである。

❖キルケゴール的逆説と愛の新世界

すると、フーリエの描く恋愛の新世界とは、基本的に、功利主義的な世界だと考えてよいだろうか。実はベンサムの場合は恋愛が私的領域の問題とみなされているので、社会的な帰結の如何によって正邪を測る功利主義的な考え方では恋愛は検討できないとされている（ベンサムは同性愛を刑罰で禁じることに反対したが、その理由はそれが私的な問題であって、法律の対象になじまないからである）のだが、その点を考慮しなければ、恋愛の紛糾を功利主義的に解決しようとしているとみなしてよいだろうか。

しかし、すでにある程度まで確認したように、統一の掟そのものは物語の転換点ではない。統一の掟に反するという嫌疑をかけられたのをきっかけにファクマが贖罪を決断し、五十四人に寵愛を捧げるというありえないような献身を行なうことを表明する。そのことが感動を生んで、次々に模倣の輪を広げ、最終的に万人の幸福へと方向づけられるのである。つまり、統一の掟そのものが最大幸福を生むことはないが、統一の掟に反するという嫌疑を受けた聖女が果たす贖罪が結果的に最大幸福を招くことになる。

この差は決定的である。結局のところ、功利主義原理はある道徳的規範の正しさを分析的に説明することはできても、倫理的行動の動機そのものにはなりえない。では、何が動機なのだろうか。

その動機を、キルケゴール的倫理との比較によって説明してみよう。ゼーレン・キルケゴール（一八一三－一八五五年）はデンマークのキリスト教哲学者だが、『おそれとおののき』という著書で、聖人や英雄といった理念型それぞれに応じた価値意識があると述べている。悲劇的英雄は民族のためとか国家のためといった、普遍的なものとの関係に立って、父子の情のような個別的関係を断念する。ギリシア神話のアガメムノンや『旧約聖書』のエフタは民族の勝利のため娘を神に捧げるし、古代ローマの大ブルトゥスは国法を守るため自分の息子たちを処刑する。彼らがそうするのは、その行為によって、共同体から後世称讃され、栄光を得られると考えているためである。これに対して、聖人である『旧約聖書』のアブラハムは、神の命令に従ってわが息子を殺し、神に捧げようとするが、それは神との私的な関係に立脚しているのみで、普遍的なものとはなんら関わりをもたない。だからアブラハムは息子を神に捧げることを家族の誰にも告げようとしない。

フーリエの『愛の新世界』で描かれている英雄と聖人が内面化しているいわば「職業倫理」もこれ

と似たところがある。イゾムがファクマに対して一生の献身を誓い、恋焦がれていながら決して唯物愛を求めず、今後二度と言葉を交わすことがなくても記憶のなかで生き続けられればなんの悔いもないと言ってはばからないのは、ひとえに彼が聖人位を目指しているための矜持《きょうじ》なのである。それは信仰ならぬ恋愛の唯一の対象との個別的関係に立脚した倫理なのである。

しかしながら、『おそれとおののき』と『愛の新世界』の違いは、イゾムの献身に対して社会的承認が得られているということにある。だからこそ彼は称讃され、聖人位の階梯を昇っていくことができる。それればかりか、キルケゴール的な英雄では後世に栄光が得られるが、フーリエの世界の英雄は即座に喝采を受け、多大な報酬が得られる（イゾムの場合、クニドスの女たちから愛を得られる）。

たいへん重要なことに、イゾムもファクマも、そのような報酬目当てに行動しているわけではない。ファクマは五十四人に寵愛を捧げるというおよそ人間業ではない苦行に取り組むことを宣言するが、そのことによって万人から喝采され、イゾムの生涯の純粋心情愛を手に入れる。ファクマは、イゾムが自分に愛を捧げてくれることになるという確信を少しももっていなかったはずである。またイゾムもファクマへの愛を宣言するとき、クニドスの女たちから愛を得られるとは考えていないし、そのために行動しているのでもない。豪華な食事をおごってもらえるからデートの誘いを受けたわけでも、美男子と付き合えば自分の格が上がると思ってアプローチしたわけでもない。将来得られる報酬は一切念頭になく、完璧な無私の精神で自己犠牲を行なったときに限って報酬が得られる。キルケゴールのアブラハムが人間的倫理の一切を捨てて神への献身のためにわが子を心から手にかけようとするその瞬間に神からゆるしを得て息子を殺さずにすむように、ファクマもイゾムも、自分の満足の追求を真剣に断念したときにはじめてその願いをかなえられるのである。フーリエが描く恋愛の新世界の核心には、このような逆説がある。

さらに言えば、この逆説は、もっと深い奥行きをもっている。

ファクマはこの決断に至る前に、何度もイゾムに呼びかけている。「イゾムはどこに行ったのですか」。しかし、やがてイゾムがやって来て、自分への永遠の愛を誓ってくれると予期していたわけではない。ただ自分が五十四人に愛を捧げるという決断をくだすためには、この呼びかけが必要だったのである。

繰り返される問いかけは表面的には信頼する相手への呼びかけであり、その意味で存在論的な他者を前提にしている。しかし実際に行なわれていることは他者への呼びかけそのものではなく、ジャック・デリダが『死を与える』という題のキルケゴール論で示唆しているように、人間の多数性を基礎にしながら内面に構成される想像上の他者への呼びかけなのである。デリダはまた、アブラハムが繰り返す神への問いかけを、カフカの『父への手紙』という、結婚をめぐる息子と父親の想像上の往復書簡とも比較している。内側へと際限なく折り畳まれていくようなこれらの問いかけは、恋愛や結婚をめぐる問いが私たちにとって本質的な重要性をもっていることを明らかにしていないだろうか。

6　幸福の条件

ここまでの議論を踏まえて、全体をふりかえってみよう。

おそらくフーリエが考えようとしたのは、恋愛の失敗や軋轢《あつれき》が個人的な不幸として我慢されて終わるのではなく、ある仕方で幸福へ転じる条件を探ることだった。恋愛のうわさ話がただの愚痴に終わったり、うす暗い情念に閉塞して陰口や陰謀へ変わったりせず、まったく反対に、幸福に寄与するものにさせることだった。

そのために行なったのは、恋愛を政治的な枠組みで捉え、一種の公共事とみなすということだったように思える。だからこそ恋愛法廷という公開の場で半日をともにする相手が議論されるし、英雄ファクマの行動はすべてが白日にさらされている。イゾムやファクマの決意が万人の感激を生み、模倣の輪を広げて、最後には唯物愛的な求愛者たちまで潔く罪を贖おうと決心するのは、公共の場でそれが行為され、観察されるからであり、恋愛についてみなが関心をもち、議論するからなのである。むしろこの公共性のもとで万人が決断を迫られるとも言っておこう。ファクマが寵愛を捧げる五十四人の相手も例外ではない。彼ら彼女らは、ファクマの愛を受け入れることもできるし、寛大さを発揮してファクマを休ませることもできるからである。どちらも自由であり、なんらかの決心をしなければならない。

もちろんこの考え方は私たちの常識に照らして奇妙に映る。しかし、フーリエにとって、恋愛をめぐる紛争を幸福へ導くにはこのような操作が必要だったのである。

実際、フーリエが描いているのは愛によって困難が乗り越えられる物語ではない。もっと正確に言うと、愛だけによって困難が乗り越えられているのではない。恋愛はそれだけを純粋に論じられるものではなく、実際にはさまざまな情念と結びついている。その結びつきによって不幸に至ることも幸福を招くこともある。

しかし、フーリエによれば、幸福な仕方で情念が組み合わされるようないくつかの舞台装置を考案することが可能である。フーリエはこの考え方を情念の噛み合わせの理論とか情念の連繋の理論と呼んでいる。他のさまざまな情念と適切に組み合わされることによって、単独の情念の働きでは果たしえない有益な効果を発揮し、その情念的な力を何倍にも増して、困難を乗り越えさせてくれるのである。したがって、恋愛がそのものとして重要なのではなく、さまざまな情念の一つとしての恋愛が連繋によってその倍加された力能を発揮する、そのような力能をそなえていることが肝要なのである。

ところで、情念にこのような相互に連関しあう性質があるということは、改めて言うまでもない、ある意味で当然のことではないだろうか。恋愛を分析的に理解することは学問的にはできるかもしれないが、その作業において見過ごされてしまいがちなのは、それが私たちの生活の一部なのであって、生活のさまざまな要素と連関して生起するということである。部活と受験の両立を宣言する高校生や、留学を機会に恋人との別れを宣言する学生にとって、どちらがどちらの口実というわけでもなく、両方の事態が迫ってくるなかで同時に決心が固まっていくのである。このように考えていくと、フーリエの奇妙な考え方が、どこかで私たちの常識的な感覚に近く思えてこないだろうか。

フーリエについて形容するときトンデモとかブッ飛んだといった日常言語が決まって用いられるのは、フーリエが論述対象としているものの特徴を直感的に見抜いていた慧眼の表われではないだろうか。日常生活のなかにありながら哲学や社会科学の伝統的な対象から外れているものをフーリエが俎《そ》上《じょう》にのせ、日常言語と科学的言語の混乱のなかで解決策を見出そうとしているということに気づいたからこそ、そのことを表現するために、あえて日常言語が用いられるのである。

フリードリヒ・エンゲルスが『ユートピアから科学への社会主義の発展』（『空想から科学へ』）で提示したフーリエ評は、古典的であり誤解を招くもととともなったが、その意味では本質を見抜いていたようだ。「フーリエに見られるのは、現存の社会状態にたいする、真にフランス人的な才気にみちた、それでいて洞察の深さをすこしも失っていない批判である。〔……〕彼は、ブルジョア世界の物質的、精神的なみじめさを容赦なくあばきだしている。〔……〕フーリエは批判者であるだけではない。いつも変わらぬ快活な性格によって、彼は風刺家に、しかもあらゆる時代をつうじての最大の風刺家のひとりになっている」。したがってフーリエが描いているのは、人間の生そのものなのである。

（1）　8×7＝56のはずだが、草稿には五十四と書かれている。

（2）　ただし、近年劇的に進行している功利主義の読み直しによれば、このような功利主義理解には問題があるという指摘もある。それによれば、功利主義はまずもって統治の原理に適用されるべきであるから、本文中で言及したような少数者の権利を継続的に侵害するような政策を体系的に適用することはゆるされない。

（3）　これも定義による。功利主義と利己主義の境界を厳しく認める考え方もある。

▒参考文献

アレント、ハンナ（一九九四）『人間の条件』志水速雄訳、ちくま学芸文庫。

エンゲルス、フリードリヒ（一九四六）『空想より科学へ——社会主義の発展』大内兵衛訳、岩波文庫。

キルケゴール（一九六二）「おそれとおののき」桝田啓三郎訳、『キルケゴール著作集5』白水社。

デリダ、ジャック（二〇〇四）『死を与える』廣瀬浩司・林好雄訳、ちくま学芸文庫。

パラン＝デュシャトレ、アレクサンドル（一九九二）『十九世紀パリの売春』小杉隆芳訳、法政大学出版局。

バルト、ロラン（一九七三）『S／Z——バルザック『サラジーヌ』の構造分析』沢崎浩平訳、みすず書房。

深貝保則・戒能通弘編（二〇一五）『ジェレミー・ベンサムの挑戦』ナカニシヤ出版。

フーリエ、シャルル（二〇一四）『増補新版　愛の新世界』福島知己訳、作品社。

モーパッサン、ギー・ド（二〇〇四）『脂肪の塊』高山鉄男訳、岩波文庫。

Montesquieu（1725）*Le temple de Gnide*, Paris.

Sidgwick, Henry（1907）*The method of ethics*, 7th ed., Macmillan.

▒ブックガイド

シャルル・フーリエ『四運動の理論』（上・下）〈古典文庫〉巖谷國士訳（現代思潮新社、二〇〇二年）

とにかくフーリエ自身の著作に触れるに如《し》くはない。本文中では『愛の新世界』（拙訳、作品社）を検討したが、ほかの著作で翻訳を手に入れやすいのがこの本。『産業の新世界』の全訳も進行中であるとかないとか。

石井洋二郎『科学から空想へ――よみがえるフーリエ』（藤原書店、二〇〇九年）

シャルル・フーリエの人と思想についての解説書は数少ない。本書はそのなかで現在入手しやすいものの一つ。一般向けながら、達意の文章で、文学への影響を中心として目配りが行き届いている。

阿部日奈子『キンディッシュ *kindisch*』（書肆山田、二〇一二年）

フーリエ的な世界を文学的に表現する試みはミシェル・ビュトール『羅針盤』などいくつかある。ここでは日本の現代詩人による最近の本を紹介。文学的想像力がどのように私たちの生と結びつくだろうか。

ピエール・クロソウスキー『生きた貨幣』兼子正勝訳（青土社、二〇〇四年）

哲学的志向の強い文学者による評論。サドとフーリエの思考に導かれつつ、人間を「生きた貨幣」という水準で抽象し、共同性のありようを考察する本書は、難解このうえないが、挑戦して決して損はない。

ラース・フォン・トリアー監督、ニコール・キッドマン主演『ドッグヴィル』（二〇〇三年）

最後は映画から。セックスが共同体の隠された絆となるという着想はフーリエにおいては肯定的に描かれていたが、本作ではまったく逆に、抑圧と恐怖をもたらすものになっている。結末の惨劇には戦慄せざるをえない。

Ⅱ

日本から考える「愛」

第5章 古代日本における愛と結婚
――異類婚姻譚を手がかりとして――

藤村安芸子

1 『崖の上のポニョ』と『古事記』

✣愛の試練

「お魚のポニョも半魚人のポニョも人間のポニョもみんな好きだよ。」

これは、二〇〇八年に公開された宮崎駿監督のアニメ『崖の上のポニョ』の主人公、宗介の台詞である。実はこの台詞のなかに、古代日本における愛と結婚について、私たちが考えていくための手がかりがある。そこでまず『崖の上のポニョ』のあらすじについて確認することにしよう。

海辺の街に住む宗介は、海岸で魚の姿をしたポニョと出会い、彼女を助け、彼女を守ると約束する。互いに惹かれ合う二人だったが、ポニョの父フジモトが、ポニョを海へと連れ戻し、いったん二人は離ればなれになる。海に戻ったポニョは、人間になることを願い、半魚人に、そしてフジモトが貯えていた生命の水の力によって人間の女の子に姿を変える。ポニョは宗介に会うために街へと向かうが、そのとき大きな津波が起こる。果たして宗介とポニョは、人間と異類というへだてを超えて結ばれるのだろうか。ポニョは人間になれるのだろうか。不安と期待が高まるなか物語は進み、最後に宗介に対して「愛の試練」が課されることになる。ポニョの母グランマンマーレは宗介に次のように言う。

「人間になるには、ポニョの本当の姿を知りながら、それでもいいという男の子がいるのです。」
「ポニョの正体が半魚人でもいいですか。」

それに対する宗介の答えが、冒頭に挙げた「みんな好きだよ」だったのである。宗介が「愛の試練」を乗り越えたことによって、ポニョは宗介と同じ五歳の女の子となることができ、物語はハッピーエンドを迎えることになる。

では、なぜグランマンマーレの出した問いが「愛の試練」と言われるのだろうか。ここには『古事記』に対する批判が込められている。『古事記』は、奈良時代に成立した歴史書であり、世界の始まりから語り起こし代々の天皇の事績を記述している。天皇がこの国（『古事記』では「葦原中国」と呼ばれている）の正統な支配者であることを、歴史を語ることによって示そうとした書物である。宮崎駿は、『崖の上のポニョ』はアンデルセンの『人魚姫』を、今日の日本に舞台を移したものと述べているが（宮崎 二〇〇八、四八八頁）、同時に『古事記』も意識していたと思われる。なぜなら、『古事記』には、男が女の〈本当の姿〉を見て逃げ出すという物語が収められているからである。次にそのあらすじを紹介することにしよう。

✥ホヲリとトヨタマビメ

ホデリの命《みこと》は海の魚をとり、ホヲリの命は山の獣をとっていた。ホヲリは、兄ホデリにお互いの道具を交換したいと言い、兄の釣り針をもって海に行った。しかし魚は一匹も釣れず、釣り針もなくしてしまった。ホデリは自分の釣り針を返すことを要求し、ホヲリは泣きながら海辺にいた。すると、シホツチの神が来て事情を聞き、ワタツミの神の宮に行くことをすすめた。教えの通りにしたホヲリは、ワタツミの神の宮の入り口で、トヨタマビメに会った。トヨタマビメは、ホヲリを見て心を惹かれ目配せし、父ワタツミの神（海の神）に、立派な人がいます、と伝えた。海の神はホヲリを歓待し、トヨタマビメと結婚させた。三年後、ホヲリはこの宮に来た理由を思い出し、海の神に伝えた。海の神は、鯛の喉《のど》に刺さった釣り針を見つけ、ホヲリに渡した。さらに、自分がもつ水をつかさどる力によって、兄ホデリではなく弟ホヲリに、豊かな稲の収穫をもたらすことを約束した。そして、兄がそのことを恨んで戦を仕掛けてきたら、自分が与える「塩盈珠《しほみちのたま》」で兄を溺れさせ、兄が許しを求めてきたら「塩乾珠《しほひのたま》」で兄を助けるよう伝えた。ホヲリは海の神の助言通り振る舞い、兄を屈服させた。

その後トヨタマビメが海辺に現われ、ホヲリの子を出産するために産屋をつくった。そして、ホヲリに対して「本《もと》の身」になって出産するので見ないで欲しいと言った。不思議に思ったホヲリがこっそりのぞくと、トヨタマビメは「八尋《やひろ》わに」となって、腹ばいになって身をくねらせ動いていた。その姿を見たホヲリは「見驚き畏《かしこ》みて」逃げた。トヨタマビメは、ホヲリがのぞき見たことを知って恥ずかしく思い、子をおいて海坂をふさいで自分の国に帰ってしまった。トヨタマビメは、ホヲリがのぞき見した心を恨みはしたものの、「恋ふる心」を抑えることができず、妹のタマヨリビメに託して歌を差し上げた。

ホヲリはトヨタマビメの〈本当の姿〉を見て逃げた。しかもホヲリは、約束を破りトヨタマビメの姿をのぞいている。それに対して宗介は、ポニョの〈本当の姿〉を好きだと答えた。かつ宗介は、ポニョを守るという約束を守り通している。宗介には「愛」があるが、ホヲリには「愛」がない。これが『崖の上のポニョ』の主張であり、この主張に対して、私たちも深く共感することができるだろう。では、一体なぜ『古事記』は、〈本当の姿〉を見て逃げ出す男を描き出したのだろうか。この論文では、『古事記』と『崖の上のポニョ』を比較することによって、古代日本の愛と結婚について考えていくことにしたい(1)。

❖二つの視点

ポニョと宗介の物語と、トヨタマビメとホヲリの物語は、二つの視点から考えていくことができる。一つは、両者は、自然と人間の関係を描いた物語であると捉えるという視点、もう一つが、両者は、女と男の関係を描いた物語であると捉えるという視点である。

一般的には、自然と人間の関係を問うことと、女と男の関係を問うこととは、異なった営みとして位置づけられている。環境問題と恋愛問題が同じ土俵の上にのったとしたら、大きな違和感を抱くだろう。しかし、森朝男が指摘しているように、古代の叙述においては、異性に出会うということは、神・死者・動物・自然などと出会うということと通じ合い、ある種の等質性を分かち合っている（森朝男 二〇〇二、二五四頁）。自然と人間が出会うということと、男女が出会うということを重ね合わせて理解するということが、そこでは行なわれている。もし現代に生きる私たちが、『崖の上のポニョ』を見て心を動かされるとすれば、そうした古代の世界観に共感することも可能であろう。この論文は、『崖の上のポニョ』と『古事記』を比較することによって、古代の世界観から見たとき、現代の「愛」がどのように位置づけられるのかということを明らかにしようとするものであるが、同時に、「愛と結婚」という問題を、人間に関わる問題として限定して考察しないことによって、「愛と結婚」を異なった視点から照らし出すことをも目指したい。

2　自然と人間

❖共通する世界観——暴力的な自然

では、まず最初に二つの物語を、自然と人間の関係を描き出したものとして読み解いていくことにしよう。この場合、海の神の娘であるトヨタマビメとポニョが自然の姿を表わしており、ホヲリと宗介が人間の姿を表わしていることになる。

二つの物語が共通してもっている世界観は、自然は人間の力によって制御することができない、ということである。『古事記』では、海の力を支配する存在として、ワタツミの神が登場している。ワタツミの神は水の力を左右し、地上にある田を干上がらせることも、あるいは豊かな実りをもたらすこともできる。ホヲリはワタツミの神から「塩盈珠」と「塩乾珠」を授けられ、海の干満を自在に操る力を手に入れるが、これは、そもそも人間は、水を制御する力をもっていないことを表わしていよう。

一方『崖の上のポニョ』には、グランマンマーレが登場している。グランマンマーレは、宗介の父・耕一が乗っている小金井丸が遭難しかけたときに現われ、ふたたび船が動くように力を貸しており、船員たちから「観音」と呼ばれている。観音とは、観世音菩薩のことであり、衆生を救うためにさまざまな姿形をとって現われる存在である。グランマンマーレは、人間を超えた力をもち、海に浮かぶ者の生死を左右する。自然のはたらきを司る存在として、超越的な存在を登場させるということは、自然は人間には制御することができないと捉えていることを意味しよう。

共通する世界観として第二に、自然は人間に死をもたらす力をもっているということがあげられる。『古事記』では、ワタツミの神は、ホヲリの兄ホデリの田を干上がらせている。あるいは、ホヲリはワタツミの神からもらった珠を使ってホデリを溺れさせている。一方『崖の上のポニョ』では、ポニョは宗介に会いに行くときに嵐を引き起こしている。ポニョはフジモトが貯えていた生命の水を浴びて人間となり、巨大な津波とともに宗介が住む街を襲う。いずれの物語でも、自然は暴力的な力をもっていることが示されていると言えよう。

✣異なる結末

二つの物語は、このように共通した世界観をもっているが、その結末は異なるものとなっている。トヨタマビメとホヲリは別離を迎え、ポニョと宗介はハッピーエンドを迎える。この違いは、何を意味しているのだろうか。

『古事記』では、トヨタマビメの〈本当の姿〉が「八尋わに」であることを見たホヲリは、「見驚き畏みて」逃げている。「八尋わに」という巨大な生き物がうごめく姿は、ホヲリに死の恐怖を与えたと考えられる。トヨタマビメの〈本当の姿〉が「八尋わに」であるとは、海がもっている力が恐ろしく強大であることを表わしている。ホヲリは、その力に直接触れることには耐えられない。ホヲリの

「見驚き畏みて」逃げるという姿は、人間は、自然がもつ暴力的な力のそばにいることができず、自然を恐れ敬い距離を取ることによって、自らの身を守るのだということを示している。

一方『崖の上のポニョ』は、『古事記』と同じように、自然がもつ暴力性に注目しているが、最終的には、自然が人間の生を破壊しないことになっている。たとえば、ポニョが引き起こした津波によって、宗介が住む街全体が水没するが、嵐の翌日にもたらされたのは、祭りのような興奮であった。さらに、デイケアサービスセンター「ひまわりの家」にいた女性たちの足が治ることによって、津波が与えたのは死ではなく生であるという印象が強まる。その結果、ポニョの起こした津波がもつ暴力性は、隠されることになる。

また、ポニョは最後に、人間になる代わりに魔法を手放すことになる。魔法とは、小さなおもちゃの船を大きくするなど、宗介を助ける力であるが、同時に、巨大な嵐を引き起こす力の源でもある。ポニョは魔法を失うことによって、自らがもつ暴力性を手放すことができたと言えよう。ポニョと自然がもつ暴力性とを切り離すという手続きをへることによって、ポニョと宗介はともに生きることが可能になったのである。

改めて整理すれば、『古事記』において、ホヲリとトヨタマビメとの間に別離がもたらされるとは、人間は、自然に直接触れることを諦めなければならないということを表わしている。それに対して『崖の上のポニョ』は、宗介とポニョにハッピーエンドを迎えさせているが、そのことによって結果的に、自然がもつ恐ろしさに目をつぶることになった。宮崎駿は『もののけ姫』を制作した際に、

「自然の本当の姿というのはもっと凶暴で残忍なものなんですね。生命そのものも凶暴で残忍なものに晒される不条理なものだというところが抜け落ちたままで、環境問題とか自然の問題を論じると、どうも底が浅くなってつまらないいんです」（宮崎駿 二〇〇八、五一頁）と述べている。そうした問題意識は、『崖の上のポニョ』にも反映されているだろう。しかし『崖の上のポニョ』は、最終的にその問題とは向き合わないという選択をしてしまったのである。

3 女と男

✣第一の共通点――相手にふさわしい姿になりたい

では次に、二つの物語を、女と男の関係を描いたものとして捉え、考察していくことにしよう。二つの物語に共通しているのは、相手を意識したとき、相手にふさわしい姿になりたいと願う、ということである。『崖の上のポニョ』では、ポニョは魚の姿で宗介と出会うが、宗介を好きになったポニョは、人間になりたいと願うようになる。ポニョは宗介の血をなめたことによって半魚人になることができ、続けて、生命の水の力によって人間となる。その姿は、赤毛のかわいい女の子であった。ポニョは宗介に心惹かれたからこそ、宗介と同じ姿、宗介に好かれるような姿になることを願ったのである。

一方『古事記』の場合、この願いは、〈本当の姿〉を隠すというかたちで描き出されている。トヨタマビメは出産に際して〈本当の姿〉を見ないで欲しいと頼んだが、言いかえればワタツミの神の宮でホヲリに対していたときには〈本当の姿〉を隠していたことになる。トヨタマビメがワタツミの神の宮で、「人」と「八尋わに」いずれの姿で常に生活していたのかは書かれていない。けれども物語は、トヨタマビメに「隠す」ということがあり得たことを、暗に語っている。トヨタマビメとホヲリの出会いについて詳しく見てみると、ホヲリがワタツミの神の宮を訪れたとき最初に出会ったのは、トヨタマビメの下女であった。トヨタマビメは下女より、門の外に美しく立派な「人」がいることを聞き、みずから外に出て行く。そしてホヲリと出会い、ホヲリに心惹かれ父に紹介し、二人は結ばれる。もし二人の出会いが突然の出会いであったとしたら、トヨタマビメに隠す余地はない。こちらの展開もあり得たことは、『日本書紀』が示している。『日本書紀』本文では、トヨタマビメは思いがけないかたちでホヲリと出会っている。それに対して『古事記』には、トヨタマビメが下女から、美しい「人」の訪れを聞くという場面が入っている。そこには、トヨタマビメは、ホヲリに心惹かれ近づきたいと願ったから「人」の姿をとって現われたのだ、という意味が込められている。トヨタマビメは、自分の〈本当の姿〉はホヲリを驚かせてしまう、〈本当の姿〉でホヲリの前に現われたらホヲリに隔てをおかれてしまうと予想したからこそ、〈本当の姿〉を隠したのである。

『古事記』のなかで、このようにみずからの姿を隠すのは、トヨタマビメだけではない。ホヲリとトヨタマビメの別離と同じような筋立てをもつ物語として、イザナキとイザナミの話があげられる。ホヲリとトヨタマビメの話は、『古事記』上巻の最後に置かれており、続く中巻からは、二人の孫であり、初代天皇となったカムヤマトイハレビコ（神武天皇）を主人公とする話となる。それに対して、イザナキとイザナミの話は、上巻の最初のほうに登場している。イザナキとイザナミは、高天原にいる天つ神の命令により、この国を整序していたが、その途中でイザナミが死を迎えてしまう。イザナキは亡くなったイザナミに会いたいと思い、黄泉国へと行く。イザナミは自分を見ないで欲しいとイザナキに頼んだが、イザナキは見てしまい「見畏みて」逃げてゆく。イザナキが見たものとは、蛆がたかりころころとうごめき、体中に八種の雷神が成っているという、イザナミの恐ろしい姿であった。

この場合でも、最初にイザナミは、死んでしまった自分の〈本当の姿〉を隠している。イザナキが黄泉国に行ったとき、イザナミは「殿より戸を縢《と》ぢて」イザナキを迎える。イザナミの背後には御殿があり、その戸を閉ざしてイザナミは現われる。明らかに何かを隠していることがうかがえる登場の仕方である。しかもイザナミは、見ないで欲しいと言って御殿のなかに帰って行った。隠されている何かがそこにあるとイザナキが思うのは、当然のことであろう。

では、なぜイザナミは隠したのか。それはトヨタマビメと同じように、自分の〈本当の姿〉が相手を驚かせる恐ろしいものであると意識していたからであろう。だからこそ、恐ろしい部分を隠し、生きているときの姿形を仮にとってイザナキの前に現われたのである。

トヨタマビメとイザナミは、相手に隔てをおかれたくない、相手に近づきたいと思うがゆえに、〈本当の姿〉を隠す。このように、相手に心惹かれ、相手に近づきたいと願うことを、ここでは〈恋愛〉と呼ぶことにしよう。原文に従えば、トヨタマビメの思いの表現としては、ホヲリを「見感《め》で」

るという表現があり、イザナミの思いの表現としては、黄泉国を訪れたイザナキを「愛《うるは》しき我《あ》がなせの命」と呼ぶ表現がある。「恋愛」という言葉は、近代に新しくつくられた言葉であり、独自の意味をもっているが[2]、ここでは、古代の男女関係を分析する際にも使用可能な用語として、広く意味を設定することにしたい。

❖第二の共通点――〈本当の姿〉は恐ろしい

二つの物語の第二の共通点として、〈本当の姿〉は、恐ろしい姿として描き出されているということがあげられる。〈本当の姿〉は、相手にふさわしい姿になりたいという願いによって、否定的なかたちで位置づけられることになるが、その内実が、恐ろしさとして具体的に表現されている。

このことは、『古事記』では、トヨタマビメの〈本当の姿〉は「八尋わに」であるというかたちで端的に語られている。この「八尋わに」という姿は、自然がもつ暴力性と同時に、人間の身体がもつ暴力性を表わしていると考えられる。そこでまず、自然がもつ暴力性について考えていくことにしよう。

トヨタマビメが〈本当の姿〉を隠した理由は、ホヲリに心惹かれたからであった。ここでは〈恋愛〉が、自然がもつ暴力性を制御するという役割を果たしている。〈恋愛〉する自然というのは、私たちの常識を逸脱した発想であるが、ここに、自然と人間との出会いと、女と男との出会いを同質のものとして語りうる地平が存在している。この問題について明らかにするために、古代における自然と人間の関係について、まず説明することにしたい。

✣荒ぶる自然と祭祀

先ほど述べたように『古事記』において自然は、人間に死をもたらす力をもつ存在として捉えられていた。たしかに自然は、地震・豪雨・暴風・落雷・疫病の流行などを引き起こし、人間に生命の危機を与える。そうした自然に対応する方法として、古代の人びとが選んだのが、祭祀であった。人びとは災いが起こると、それを神のあらわれとして受けとめ、神にさまざまな物を差し出した。あらわれた神を祀ることによって、安定した世界が実現すると考えていたのである。

言いかえれば、自然とは本質的には暴力的な存在であるとみなされていた。現在では、自然は人間に恵みと同時に脅威をもたらすというように、二面性をもつ存在として語られることが多い。それに対して、祭祀を行なっていた人びとにとっては、自然の恵みは、あくまでも祭祀という人間の営みを通じてもたらされるものとして意識されていた。自然とのあいだには、それだけの緊張感が存在している。

荒ぶる自然の背後に神を見出し、その神を祀る。神は、荒ぶる自然と一体になっているときは、荒ぶる神として捉えられるが、祭祀が成功し、豊かな実りがもたらされるようになれば、神は、暴力的な力を制御する存在として捉えられるようになる。神は、祀られることによって力を制御することになるが、神自身が、みずから積極的に力を抑制しようとする場合がある。それが、神が〈恋愛〉するときである。

❖神の〈恋愛〉

たとえば、『古事記』中巻には、大物主大神《おほものぬしのおほかみ》がイクタマヨリビメのもとに通ったという伝承が収められている。美しいイクタマヨリビメの前に現われるとき、大物主大神は美しい若者の姿をとった。原文では「相感でて」と両者が互いに惹かれ合う様子が描き出されている。けれども二人の関係は、大物主大神がイクタマヨリビメのもとを訪れ、二人は結ばれる。原文では「相感でて」と両者が互いに惹かれ合う様子が描き出されている。けれども二人の関係は、大物主大神がイクタマヨリビメのもとを訪れることから始まっているので、まず相手に惹かれたのは、大物主大神であったと言えよう。

大物主大神は、崇神《すじん》天皇の時代に疫病を流行させた恐ろしい神である。そうした圧倒的な力をもつ大物主大神が、イクタマヨリビメのもとを訪れるときには美しい若者の姿をとった。大物主大神は、みずからがもつ暴力性を抑制し人間の前に現われている。それは、イクタメヨリビメに近づくことを願ったからである。神がみずから暴力的な力を制御してくれることは、人間にとって都合のよいことであろう。神の〈恋愛〉は、世界に安定をもたらす契機となるのである。

大物主大神は、美しい男としてイクタマヨリビメのもとに通い、二人のあいだには子が生まれる。その子どもの子孫が、崇神天皇の時代に大物主大神を祀ることになり、世界は安定する。神の〈恋愛〉は、適切な祭祀者の誕生をもたらすという意味でも、秩序の形成に寄与するのである。

大物主神《おほものぬしのかみ》が姿を変えて人間の女のもとに通うという伝承は、『日本書紀』にも収められている。しかし、こちらは、その結末が異なっている。『日本書紀』が伝えるところによれば、大物主神は、人の姿形をとって、ヤマトトトビモモソビメのもとに現われた。しかし昼には現われず夜だけ通ってきた。そこでヤマトトトビメは、朝の光のなかであなたの「美麗《うるは》しき威儀《みすがた》」を見たいと求めた。そこで神は、明朝あなたの櫛笥《くしげ》（櫛を入れる箱）のなかに入っている、どうか私の姿に驚かないでくれ、と言った。彼女は翌朝まで待ち、櫛笥を見ると、そこには美しい「小蛇《こをろち》」がいた。とたんに彼女は驚き叫んだ。すると神は、恥じてたちまちに人の姿に化身し、お前は私に恥をかかせた、私もお前に恥をかかせようと言って、天空を踏みとどろかして御諸《みもろ》山《のやま》に登っていった。ヤマトトトビメは、神を仰ぎ見て後悔し、しりもちをついた。そして箸《はし》で陰部を突いて死んでしまった。その後、彼女を葬った墓は、箸墓と呼ばれたという。

『日本書紀』に登場する大物主神も、崇神天皇の時代に広く疫病を流行させており、人間に死をもたらす力をもつ存在であった。その神が、女の前に現われるときには人の形をとる。その姿は、夜の闇のなかで触れただけでも、その美しさを彷彿とさせるものであった。そうした美しい神に惹かれたからこそ、ヤマトトトビメは、神の姿を直接見たいと願った。この願いもまた、相手に近づきたいという思いから生まれていると言えよう。大物主神が〈恋愛〉ゆえにみずからの姿を隠したとすれば、ヤマトトトビメは〈恋愛〉ゆえに隠された姿を見たいと願うのである。大物主神は、彼女の願いを聞いたとき「言理灼然《ことわりいやちこ》なり」と答えている。神にとって、ヤマトトトビメの願いは、決して不当な願いではなかった。

しかし、実際に大物主神を見たヤマトトトビメは、驚きの声を上げてしまう。大物主神が蛇として現われるということは、隠していた暴力性をあらわにしたことを意味している。ヤマトトトビメの叫び声を聞いた大物主神は、すぐさま人の形に戻り去って行く。去って行くときの姿は「大虚《おほぞら》を践《ほ》みて、御諸山に登ります」と描き出されている。大物主神は、天空を踏みとどろかし、雷神としての姿をあらわにして御諸山へと帰って行った。神のもつ恐ろしい力を発揮し、去って行ったのである。その結果、ヤマトトトビメは死を迎える。

神を見ることが死につながるということは、他の文献にも登場している。たとえば『常陸国風土記』には、行方《なめかた》の郡に夜刀《やと》の神という神が住むことが記されている。夜刀の神の形は、蛇の体で角があり、夜刀の神に出会い逃げるときに振り向いた場合、一族に死がもたらされるという。その存在を見ることがみずからに死をもたらすということが、神の特徴と言えよう。ある存在に出会ったとき、自分が死の恐怖を感じた。そのとき、出会った相手が神と呼ばれるのである。地震・豪雨・暴風・落雷・疫病の流行といった災いもまた、それに出会った者に死をもたらす。そうした存在と距離をとり、相手の暴力性をなだめるための方法が、相手を神として祀ることであった。言いかえれば、死を迎えるということは、神と直接確かに出会ったことのあかしとなるのである。ヤマトトトビメの死もまた、そうした神との直接的な出会いがもたらしたものと考えられる。

一方『古事記』に登場するイクタマヨリビメは、大物主大神の〈本当の姿〉を見ていない。イクタマヨリビメは、通ってくる若者が何ものであるかを知らないまま若者と契りを結ぶ。ほどなくして彼女は妊り、その結果、彼女の両親は娘のところに通う男があることを知る。両親は、男の素性を知ろうと思い、娘に、男の着物の裾に麻糸を付けた針を刺しておくように言った。翌朝その糸をたどっていくと、三輪山の神の社に糸が残っていた。それを見てはじめて、男の正体が三輪山の大物主大神であることが分かる、という展開になっている。

ここでは、男の正体を知るために、娘の両親が大きな役割を果たしている。両親がいたからこそ、イクタマヨリビメは、神の〈本当の姿〉を見ることなく、その正体を知ることができたのである。

大物主大神とイクタマヨリビメの関係は、最初は二人だけで進んでいくが、途中からそこに、イクタマヨリビメの両親が関わってくる。この変化は、〈恋愛〉の関係から〈結婚〉の関係に移行したと言うことができるだろう。ここでは〈結婚〉という語を「二人の関係を第三者に公表する」という意味で使っている。この定義は、森朝男が古代社会における恋愛と結婚について論じた際に「男女の関係が熟してくると、二人の関係を公然のものとすることになる。これが結婚である」（森 一九九三、二七五頁）と述べていることに基づいている。ただし、古代においては「どこまでが恋で、どこからが結婚なのかの別はつけにくい」（伊集院 二〇一一、一五頁）とも言われている。男女はどのように結婚にまで至るのか、その道筋をたどってみれば、まず男女が出会い相手に心惹かれれば、その名をたずねる。そこで合意が得られれば相手のもとを夜訪れ、性的な関係を結ぶ。しばらく夜訪れて朝には帰るという関係が続いたのち、二人の関係を親に知らせ、やがて同居に至る。この関係の進展のなかで、どこを結婚の始まりと捉えるのか。現代であれば、婚姻届を出す、あるいは同居を始めるといった出来事が、一つの指標になるかもしれないが、そうしたことを古代の男女の関係に当てはめることは不可能である。しいて現代との共通点を見出だそうすれば、二人の関係を第三者、特に親に公表したとき、ということがあげられるのではないだろうか。そこで、この論文では〈結婚〉を以上のように定義することにしたい。

大物主大神とイクタマヨリビメは、二人の関係に第三者が関わることによって別離を回避することができたと言える。神に物を奉ることが、神と人とのあいだに媒介する物をはさむことによって、神と直接関わり合うことを避けようとする営みであるとすれば、親という第三者もまた、神と人、男と女のあいだに入り、両者が間接的な形で関わることを実現させる。そうした物や第三者の存在によって、長くともにいることが可能になるのである。(3)

❖『古事記』の〈結婚〉と〈恋愛〉

以上の考察を踏まえて、改めてトヨタマビメとホヲリの関係について考えてみよう。二人の関係は、トヨタマビメの父であるワタツミの神が承認したものであり、〈結婚〉と言える。〈結婚〉によってホヲリは、ワタツミの神から水を操る力を受け継ぐ。また、二人のあいだに生まれた子の子孫は天皇となり、この国を治める。天皇が国を治める力をもつ理由については、より丁寧な議論が必要だが、その理由の一つとして、天皇の祖先が荒ぶる自然を操る力をもっていることがあげられるだろう。二人の〈結婚〉は、この世界に安定した秩序をもたらしたのである。

では、二人はなぜ別れることになったのだろうか。この問題について考えるために、もし、ホヲリが約束を破らず、トヨタマビメの姿を見なかった場合について想像してみることにしよう。ホヲリがトヨタマビメの〈本当の姿〉を見ないとは、ホヲリはトヨタマビメに近づきたいと思っていない、あるいは、思っていたとしても、その思いは抑制することができるほど弱いものである、ということになる。ホヲリがトヨタマビメと同じように、相手に近づきたいという思いをもっていることを表わすためには、約束を破ってトヨタマビメの姿を見るということが必要だったのではないだろうか。出産の場面に第三者が登場しないのも、この場面では〈恋愛〉を描くという意図があるからだろう。

トヨタマビメは、海に戻ったあともホヲリを「恋ふる心」を抑えることができず、わが子の養育者として妹のタマヨリビメを送り、ホヲリに歌を届けた。それは「赤玉は　緒《を》さへ光れど　白玉の　君が装《よそひ》し　貴くありけり」というホヲリの立派さと美しさを称えるものであった。それに対してホヲリは「沖つ鳥　鴨著《ど》く島に　我が率寝《ゐ》し　妹《いも》は忘れじ　世の悉《ことごと》に」と歌をよむ。私と共寝した妻のことを忘れないという意味である。

吉田幹生は、『古事記』における「恋」の用例について確認し、「すべて恋する相手と何らかの事情で一緒にいられないという状況の下、それでもなお相手を求めて行動を起こす文脈に用いられている」（吉田 二〇一五、一一四頁）と指摘している。『古事記』は「離別せざるを得ない男女の、それでもなお思いを断ち切り難い心のあり方に目を向け」（吉田 二〇一五、一一三頁）るという特徴をもっている。相互に近づきたいと願うが、そう思うがゆえにともにいることができず、それでもなお思う。それが

『古事記』の語る男女関係であった。〈恋愛〉と、〈恋愛〉がもたらす破綻と、その結果生まれる「恋」を『古事記』は語ろうとしているのである。

❖人間の身体がもつ暴力性

では次に、トヨタマビメの〈本当の姿〉が、人間の身体がもつ暴力性を表わしているということについて、考察していこう。

一般的に、人間の身体がもつ暴力性が問題となるときには、殴る蹴るといった行為によって、他者に危害が加えられるという場面が想定されるだろう。それに対して、ここでは、人間の身体を見るということそのものが、見た者に対して死の恐怖をもたらすということが描き出されている。そうした身体観が『古事記』において最初に表明されたのが、イザナキが、死者となったイザナミを見るという場面であった。

イザナミの体について、坂本勝は次のように述べている。

イザナキが覗き見たイザナミの死体には「蛆」がたかって不気味な光景を呈していた。この光景は一般に、死者世界の汚らわしさを描いたものとされる。しかし同時に私は、そこに不気味に蠢く生命の発動を感じる。この蛆達はものの数日で蠅となり、食物にたかって、私達を悩ますはずだ。（坂本 二〇〇三、三四頁）

私たちは通常、死は生命の終わりであり、あらゆる活動が停止した状態であると考えている。それに対して『古事記』が描き出すのは、死者の体から新たな生命がわき上がる様子である。その生命は、私たちにとって親しみ深いものとしてではなく、恐ろしくぞっとするようなものとして現われる。現代であっても、丁寧に葬るという手続きがなければ、同じような光景が出現するだろう。死者の体がもっているのは、過剰な生命力と言うべきものである。それは、出会ったものに死を与える力でもあるのだ。

生きているとき私たちは、自分の体を自分で整序しようとしている。髪を整え爪を切り、服を着て化粧をする。排泄する場所を選び、風呂に入り汗を流す。けれども、自分の体を完全にコントロールすることはできない。そのことが端的に表われるのが、死の場面である。どれほど死にたくないと思っても、死は必ず訪れる。あるいは、いとしい他者が死を迎えたとき、その体は、自分に襲いかかるような激しい力を発揮する。そうした身体の姿は、先に分析した荒ぶる自然の姿と重なり合う。

イザナミが死を迎えたのは、火の神を出産したためであった。『古事記』において、子を生むという営みは、世界を整序するという役割を担っている。ワタツミの神という海の神を生むことによって、海の力が制御される。ワタツミの神が、荒ぶる自然神としてではなく、海の力を統御する神として描き出されているのは、そのためである(4)。

自然がもつ力を統御する神を生むことは、危険なことであった。イザナミが火の神を生むときに女陰を焼かれたとは、火の神が火の力を制御できなかったことを意味している。出産は、人間の身体を通じて自然の暴力性を引き受け、限定しようとする営みであると言える。限定に失敗すれば、暴力的な力にさらされ死を迎える。その結果、イザナミの体からは雷神が成った。人間の身体は、新たに荒ぶる自然を生じさせるものとなる。そのきっかけが、出産という営みであった。出産において人間の身体は荒ぶる自然に近づく。トヨタマビメの出産する姿が、恐ろしいものとして描き出される背景には、以上のような身体観があると言えるだろう。

もう一つ、その背景にある身体観として、異性の身体を畏怖の対象として捉えるということがあげられる。トヨタマビメの物語とイザナミの物語では、女の側が暴力性を担っていたが、『古事記』には、男の側が暴力性を担い、女に「見畏」まれるという逸話も含まれている。それが、スサノヲとアマテラスの物語である。二人は、黄泉国から葦原中国に戻ったイザナキが、黄泉国のけがれをすすいだときに誕生した姉弟である。高天原でアマテラスはアメノハトリメとともに神を祀るための準備をしていたが、高天原を訪れたスサノヲの乱暴な振る舞いによってアメノハトリメは死を迎える。その様子を見たアマテラスは「見畏み」天の石屋にこもった。アメノハトリメの死の原因は、梭《ひ》（機織りの際に横糸を通すための器具）で女陰を突くということであった。これは、性的交渉の果ての死を暗示するものである。ここでは、性的交渉の結果、相手に死をもたらす身体が、畏怖の対象となっている。

死の恐怖をもたらすという意味で、自然との出会いと異性との出会いは同質性をもっている。男女はそれぞれのうちに恐ろしさを秘めており、相手に近づきたいと願ったとき、その恐ろしさを抑制することを意識する。しかし、そうして向き合うことになった相手は、同じように近づきたいと願うからこそ、その隠された部分を見たいと思ってしまう。〈恋愛〉は二人の関係に、決定的な隔たりを生む。しかし、それでもなお相手を思うことを、『古事記』は「恋」と呼んだのである。

❖子どもがもつ野蛮さ

以上のように『古事記』において、トヨタマビメの〈本当の姿〉は恐ろしいものとして描き出されていた。一方『崖の上のポニョ』においても、ポニョの〈本当の姿〉は恐ろしいものとして描き出されている。ポニョが担っているのは、自然がもつ暴力性と、子どもがもつ野蛮さであると考えられる。自然がもつ暴力性については、すでに取り上げているので、ここでは、子どもがもつ野蛮さについて見ていくことにしよう。

お魚のポニョは、とても攻撃的である。宗介からサンドイッチのパンをちぎって与えられたときにはそっぽを向き、自分が食べたいハムに食らいつき奪っていく。宗介と同じ保育園に通うクミコちゃんがポニョを見て「へんなの、デブだしうちの金魚のほうがかわいい。」と言うと、ポニョは容赦なく、口に含んだ水をクミコちゃんに吹きかけ、クミコちゃんはずぶ濡れになる。ポニョは、自分の心のままに振る舞っており、我慢することはない。そんなポニョを、宗介はそのまま肯定しているが、人間になったポニョに対しては、少しずつ人間としての振る舞い方を教えていく。宗介の家のなかにはじめて入ったポニョは、リビングの机の上を飛び跳ね、食卓の上に足をのせ、足の指を使って食事をしようとする。宗介は、足の指を使えると言うポニョをすごいとほめつつも、自分自身は手でスプーンを使い見本を示す。それを見たポニョも手を使って食事をすることになる。ポニョは宗介の導きによって、礼儀正しく食べることを学ぶのである。

たとえ飛び跳ねたいほど嬉しかったとしても、机の上にのってはいけないし、相手が嫌いだからといって、相手にいきなり水をかけてはいけない。大人になるということは、そのように、自分の振舞いをコントロールしていく力を身に付けることと言えるだろう。コントロールするようになった人間から見たとき、コントロールできない存在は、野蛮に見える。その意味で、子どもはいつでも野蛮さをもっており、野蛮さは否定すべきものとして存在している。

しかし『崖の上のポニョ』では、そうした野蛮さが、ポニョの魅力の源として新たに捉え返されている。ポニョは、先ほど述べたように、自分の悪口を言ったクミコちゃんに水を吹きかけるなど、自分の心のままに振る舞っている。言いかえれば、ポニョは、宗介に対する思いだけで動いている。そこに計算は存在しない。その純粋さが、ポニョの魅力を生み出している。

一途に宗介を思うポニョは、宗介に会いたいと願い、津波を起こし、宗介の家のなかに入り込む。宗介に近づきたいという思いは、〈恋愛〉と呼ぶことができる。宗介にふさわしい存在になりたいからこそ、ポニョは宗介の家で、宗介を見習い、人間としての振る舞いを身に付けていく。しかし、その前段階において、ポニョの〈恋愛〉は暴力性と強く結びついている。ここでは〈恋愛〉は、『古事記』のように暴力性を抑制する方向には向かわない。トヨタマビメの場合は、相手とのあいだに隔てが生まれる原因は、自分の身体がもつ暴力性にあった。それに対してポニョの場合は、相手とのあいだに隔てが生まれる原因は、父フジモトにある。原因が、自分以外の存在にあるのなら、それを壊せばよい。〈恋愛〉は、その成就を阻むものを、自分たち以外の存在のなかに見出だしたとき、いくらでも破壊的になることができる（逆に、フジモトの立場からすれば、ポニョの〈恋愛〉が問題を引き起こしているのだから、それを破壊すべきという方向に行くことになる）。さらにポニョの場合は、純粋である、つまりコントロールするという発想がないため、暴力性はそのまま発揮される。その結果引き起こされたのが、大きな嵐であった。

しかし最終的には、ポニョが起こした嵐は街に破壊をもたらさない。すでに述べたように、嵐の翌日に街が祭りのような興奮に包まれることによって、ポニョが与えた破壊の側面は隠される。そして、ポニョは魔法を失うことになる。もし、ポニョが魔法をもっていたとしたら、ふたたび宗介との関係を邪魔する者が現われたとき、ポニョは強大な力をもってその排除に臨むであろう。魔法を手放すことによって、ポニョはみずからがもつ暴力性を切り離すことができた。また、ポニョは宗介から人間としての振る舞いを学んでいた。少しずつポニョの野蛮さが減るよう物語は進んでいき、同時に、ポニョと宗介を応援する人も増えていく。特に大きな役割を果たすのが、ポニョと宗介の母親である。第三者の存在が、二人の関係が続くことを支えている。

以上のような手続きをへたうえで、相手の〈本当の姿〉を受けとめるのが「愛」であると高らかに謳われることになる。しかし、それは〈本当の姿〉がはじめにもっていた暴力性に、目をつぶることにつながるのではないだろうか。

『古事記』において、ホヲリがトヨタマビメの〈本当の姿〉を見て逃げたのは、〈本当の姿〉が暴力性をあらわにした姿だったからである。トヨタマビメにとって暴力性は、ポニョの魔法のように、自分から切り離すことのできるものではない。生きている限り背負っていかなければならないものである。そうした認識があるからこそ、二人は別れざるを得ないのである。

一方『崖の上のポニョ』もまた、人間がもつ暴力性を見つめている。そのことは、現代において大きな意味をもっていよう。私たちが、〈本当の姿〉を受けとめるのが「愛」だと考えるとき、〈本当の姿〉は肯定的なものとして捉えられている。たしかに、それを受けとめるためには多少の困難をともなうかもしれない。しかし根本的には、それは他者を損ない傷つけるものではない。そうしたイメージがあるだろう。それに対して『崖の上のポニョ』は、〈本当の姿〉とは、実は凶暴で恐ろしいもので、周囲に破壊をもたらすものなのではないか、という問題提起をしている。『崖の上のポニョ』は私たちに、人間とは本質的にいかなる存在なのかを問いかける。しかし『崖の上のポニョ』は、最終的にはポニョの暴力性をなくした上で、ポニョと宗介にハッピーエンドを迎えさせるという道を選んでしまった。『崖の上のポニョ』が最初に示した問いは、なお問いのまま残り続けている。

〈本当の姿〉とは何か。「愛」とは何か。それは、これからも問い続けていく必要のある問題だろう。この問題について考える手がかりとして最後に、『古事記』に登場する「愛」を紹介したい。次の言葉は、イザナキが黄泉国でイザナミの姿を見て逃げ出し、黄泉国と葦原中国とのあいだに岩を置いた場面でなされた、二人の対話である。

イザナミ「愛《うるは》しき我《あ》がなせの命、如此《かく》為《せ》ば、汝《なむち》が国の人草《ひとくさ》を、一日《ひとひ》に千頭《ちかしら》絞《くび》り殺さむ」
イザナキ「愛《うつく》しき我がなに妹《も》の命、汝然《しか》為《せ》ば、吾《あれ》一日に千五百《ちいほ》の産屋《うぶや》を立てむ」

互いに「愛しき」と呼びかけ、(5) 人間の死と生が定まる。人間の死と生は「愛」によってもたらされた。そう語られる理由を問うとき、私たちは、「愛」をめぐる新しい世界に、足を踏み入れることになるだろう。

(1) トヨタマビメとホヲリのように、異類（人間に姿を変えた動物）と人間との結婚を語る話は、異類婚姻譚と呼ばれている。異類婚姻譚にはさまざまなパターンがあるが、その変遷のあとについては、柳田国男（二〇一三）を参照のこと。『崖の上のポニョ』は、現代の新しい異類婚姻譚と言うことができるが、その内容は、異類が神聖性を強くもっているという意味で、古い時代の異類婚姻譚と共通しており、一方で、相違点も明確である。なお、トヨタマビメとホヲリの物語は、同じ時代に編纂《へんさん》されたもう一つの歴史書である『日本書紀』にも収められているが、『古事記』とは内容が少し異なっている。本章で『古事記』を取り上げるのは、『古事記』は二人の物語以外にも〈本当の姿〉を見て逃げ出す存在を描き出しており、そこには一貫した論理があると考えられるからである。

（2） この点については、本書所収の宮野真生子の論文（第6章）を参照のこと。なお、ここで「恋」と「愛」という語を使わないのは、これらは『古事記』本文にも登場する語であり、現代とはやや異なった意味をもっているからである。上代では「恋」は「目の前にない対象を求め慕う心情」を指し、「愛」は「身近な人間、主として親子・夫婦などの肉親の愛情のさまを表わした」と考えられている（『日本国語大辞典』）。現代では「愛」はより複雑な意味をもっているため、私たちがイメージする「愛」を、そのまま古代の文献のなかに求めるのは困難である。そこで本章では、本論では少し「愛」から離れて〈恋愛〉と〈結婚〉について考察したうえで、最後に、現代の「愛」と古代の「愛」について問題を提起することにしたい。

（3） 神と人間との結婚を語る神婚譚の発生については、巫女が神を祀るという祭祀の現場から誕生したという説が提示されている。この問題については、中川ゆかり（二〇〇九）、岡部隆志（一九九九）を参照のこと。また、神婚譚が古代の人びとの恋愛・結婚生活に与えた影響については、古橋信孝（一九八七）を参照のこと。また、本章で取り上げた大物主大神が登場する神婚伝承は、三輪山伝承と呼ばれている。三輪山伝承にはいくつかの型があり、相互の関係などについて、これまで多くの議論が積み重ねられている。阿部眞司（一九九九）、西條勉（二〇〇五）、岡部隆志（二〇〇三）などを参照のこと。

（4） 『古事記』と同じ時代に編纂された『風土記』には、それぞれの土地において、それぞれの荒ぶる神を祀っていることが記されている。この場合は、祭祀がその土地の秩序を支えている。それに対して『古事記』は、自然神をイザナキ・イザナミの子として位置づけた。その結果、神は力を制御するという性質を強く帯びることになり、国全体の秩序を支える存在となった。『古事記』では、祭祀は、天皇が深く関わる営みとして改めて捉え返されている。

（5） 上代において「うるはし」は、相手を立派な存在として称揚する場合に多く用いられる語であり、

「うつくし」は、優位の立場にある者が抱く、いつくしみを込めた愛情を指す語であった（『日本国語大辞典』）。なお、岩波古典文学大系と新潮日本古典集成は、どちらにも「うつくし」という訓をあてている。

参考文献

阿部眞司（一九九九）『大物主神伝承論』翰林書房。

伊集院葉子（二〇一一）「第1章　古代」服藤早苗監修『歴史のなかの家族と結婚』森話社。

植垣節也校注訳（一九九七）『風土記』〈新編日本古典文学全集〉小学館。

岡部隆志（一九九九）「憑依と神婚――異類婚姻譚の発生」『日本文学』四八号。

岡部隆志（二〇〇三）『古代文学の表象と論理』武蔵野書院。

西條勉（二〇〇五）『古事記と王家の系譜学』笠間書院。

坂本太郎他校注（一九九四）『日本書紀（一）』岩波文庫。

坂本勝（二〇〇三）『古事記の読み方』岩波新書。

中川ゆかり（二〇〇九）『上代散文　その表現の試み』塙書房。

古橋信孝（一九八七）『古代の恋愛生活』日本放送出版協会。

宮崎駿（二〇〇八）『折り返し点　1997〜2008』岩波書店。

森朝男（一九九三）『古代和歌の成立』勉誠社。

森朝男（二〇〇二）『恋と禁忌の古代文芸史』若草書房。

柳田国男（二〇一三）『桃太郎の誕生』角川文庫。

山口佳紀・神野志隆光校注訳（一九九七）『古事記』〈新編日本古典文学全集〉小学館。

吉田幹生（二〇一五）『日本古代恋愛文学史』笠間書院。

『日本国語大辞典』第二版、小学館。

▒ブックガイド

服藤早苗監修『歴史のなかの家族と結婚』（森話社、二〇一一年）

日本の家族と結婚の歴史について、ジェンダーの視点を加味しつつ叙述した本。古代・中世・近世・近代・現代の五つの章で構成されており、男女の出会いや共同生活のあり方の変遷について学ぶことができる。

坂本勝『古事記の読み方』（岩波新書、二〇〇三年）

古事記の背景にある、人びとの生活体験や世界観について丁寧に解説するとともに、自分の経験や知識を動員して作品世界を自分の足で歩く楽しさについて語った本。古事記が喚起する身体感覚が、瑞々しい文章で綴られている。

吉田幹生『日本古代恋愛文学史』（笠間書院、二〇一五年）

七世紀から十一世紀の恋愛文学の歴史を概観した本。竹取物語や源氏物語などが取り上げられており、さまざまな物語を楽しみながら、自分の恋心と向き合うという営みの、誕生と変遷をたどることができる。

吉本隆明『共同幻想論』（角川文庫、一九八二年）

「自己幻想」「対幻想」「共同幻想」という三つの概念を拠り所として、人間存在と人間の共同性について論じた本。古事記や柳田国男の遠野物語に触れながら、「対幻想」が生まれる場面に立ち会うことができる。

黒田日出男・佐藤正英・古橋信孝編『御伽草子：物語 思想 絵画』（ぺりかん社、一九九〇年）

江戸時代に刊行された渋川版御伽草子に関する論文集。「物くさ太郎」や「一寸法師」など、主人公が結婚し「めでたしめでたし」で終わる物語は、近世の愛と結婚について考えるうえで大きな手がかりを与えてくれる。

コラム

近世日本における恋愛と結婚
――『曾根崎心中』を手がかりに――

栗原　剛

近世日本における男女の恋愛や結婚について、そのありようを考える手がかりの一つに、近松門左衛門（一六五三［承応二］－一七二五［享保九］年）の人形浄瑠璃がある。「心中物」と呼ばれる作品群において、近松は当時の上方に生きた市井の男女を主人公とし、彼らの恋愛とその悲しい顚末を、操り人形芝居の脚本として描いた。

心中物において恋に落ちる男女の多くは、遊廓で出会った遊女と客である。しかし彼らがどんなに本気で恋し合っても、晴れて結婚するということは、基本的にかなわぬ夢であった。それでも互いの恋心を貫き、慕らせるなかで、世間的な道徳や制度との折り合いがどうしてもつかなくなったとき、男女は死を選択する。この世で添い遂げることは許されなかったが、死んで生まれ変わったあの世では、何に隔てられることもなく一緒に歩んで行きたい。彼らは仏や菩薩に対してそう願いながら、ともに命を絶つのである。

心中物としての処女作である『曾根崎心中』においては、こうした筋立てがもっともシンプルに表現されている。といっても人が二人亡くなるのであるから、事情はそう簡単ではないが、強いてかいつまめば次のようになる。

醤油屋の手代であった徳兵衛は、遊女であるお初と深い恋仲にあった。彼にとって唯一の肉親（叔父）でもある醤油屋の主人はこのことを知って、徳兵衛の縁談を画策し、結婚相手として別の女性をあてがおうとする。お初への思いから縁談を拒否する徳兵衛に対して、主人は甥と遊女の恋を「腐りあひ」（一二二頁）[1]と罵り、彼の気持ちを汲もうとはしなかった。二人は激しく言葉をぶつけ合ったあげく、喧嘩別れとなる。

しかしこのとき、主人に悪意があったわけではない。遊女との恋に溺れることは、商人として一家を構えるべき徳兵衛の将来にとって、大きな害となる。主人はあくまでも、甥である徳兵衛への親心から、彼の恋路をはばむ縁談を計画したのであった。当時にあって、結婚相手をそうした基準で選ぶことは、決して理不尽ではなく、むしろ道義的に当然のはからいだったのである。

主人からの恩義よりもお初との恋を選んだ徳兵衛は、すでに進められつつあった縁談を解消するため、上方中を奔走した。ところが、その過程で重大な金銭トラブルに巻き込まれ、ついには、刑死もやむなしという窮境に追い込まれてしまう。自分の心にやましいところはないと自負する徳兵衛は、このことを証明すべく、処罰を待たずにみずから潔く死のう、と決意する。そして彼の覚悟を知ったお初もまた、自分への恋ゆえに死のうとする徳兵衛と、運命をともにすることを誓うのである。

この作品は総体としてフィクションであるが、当時実際に起きた心中事件から着想を得て、仕立て上げられたものである。近世日本において、男女の自由な恋愛と、家の存続を前提とした結婚は、連続した事態というよりむしろ、別々のそれであった。

現代では、深く恋し合った者同士が、お互いの気持ちを肉親はじめ周囲の人びとに認められ、やがては結婚するに至る、というプロセスが一般化している。そこから見れば、当人の意にそぐわない結婚相手を強制的にあてがうのは、いかに善意によるものとはいえ、不当な束縛である、ということになるだろう。あるいは、しがない町人と遊女として男女が出会ってしまったことを、そもそもの不幸と見るべきかもしれない。いずれにしても、恋愛から結婚へと至る道筋に制約が多かった当時の社会が、純粋に恋し合った二人を死に追いやった、ということになりそうである。

世間的な制約に抗い、あくまで恋を貫こうとした徳兵衛・お初の純粋さに、私たちは共感を寄せる。この点については当時の観客も同じであったが、こと現代人にとって、彼らの心中という選択までを肯定するのは、なかなか難しい。『曾根崎心中』を大学の授業で取り上げる際にも、学生からはしばしば、二人の一途な恋心には共感もし、憧れもするが、自死するという一点に限っては理解できない、という疑念が示される。どんなに恋し合っていても、死んでしまっては何にもならない。二人で逃げることはできなかったのか。また、徳兵衛が死ぬのは仕方がない状況だったとしても、お初がそれに付き合う必要は果たしてあったか。徳兵衛もお初を愛していたなら、彼女だけでも生かそうとするのが本当ではないのか、等々である。

確かに、心中という行為だけを取り出せば、それは端的に自殺であり、また殺人であるほかない。学生たちの疑念は、しごく全うなものである。結局のところ、恋愛そのものをめぐる認識や、死とその先にある世界をめぐる認識についても、やはり当時と現代の間には距離がある、ということになるだろう。

しかし、恋愛や結婚をめぐる時代背景の差異を前提として、いわば一歩離れたところから『曾根崎心中』を論評するのではなく、芸術としての作品世界に寄りそってこれを鑑賞するとき、過去との間にあったはずの距離が、いつの間にか忘れられてしまう、ということがある。筆者自身が『曾根崎心中』にはじめて触れたのは、いまから十五年以上も前、年齢で言えばちょうど徳兵衛と同じ頃であった。ゼミの教材として線を引きながら読み始めたのだったが、心中シーンが近づくにつれて息は詰まり、手は震えて線もまっすぐには引けず、テクストはその線で真っ赤になると同時に、手の汗でしっとり濡れてしまったのを、今でも覚えている。ここでも、わずかにではあるが、二人の最期場をのぞいてみよう。

深夜、死に場を求めて曾根崎の森にたどり着いた二人は、死に姿が乱れぬよう、それぞれの体を木にしっかり結びつけるが、徳兵衛はここで、幼い頃に死別した両親に代わって自分を世話してくれた、主人への感謝と懺悔《ざんげ》の言葉を口にして泣く。縁談をめぐって決別はしたが、やはり彼にとって、主人からの恩義はかけがえないものだったのである。お初もまた、田舎でわが身の訃報に接するであろう親兄弟を思い、「懐かしの母様や。なごり惜しの父様や」(四二頁)としゃくりあげる。すでに心中を決意した二人にも、それが命を与え育ててくれた肉親に対する罪深い行為であることは、痛いほどわかっていた。

しかしその空気を断ち切るかのように、お初は「いつまで言うて詮もなし．はや〳〵、殺して〳〵」(四二頁)、とせがむ。この瞬間は何度読んでも、男にとって戦慄である。お初までがなぜ徳兵衛に付き合って死のうとするのか、徳兵衛もお初だけは死なせまいとすべきではないか、といった問いも、彼女のこの一言を前にしては、消し飛ぶかのように感じられる。どんなに罪であろうと、今あなたに殺されたい、一緒に死にたい、ということ以外に、彼女の願いはない。またそれに応える以外に、男の取るべき道はないのである。

徳兵衛は「心得たり」(四二頁)と脇差を抜いて、お初の喉元に突きつける。しかし

さすがこの年月、いとし、かはいと締めて寝し．肌に刃が当てられうかと．眼もくらみ、手も震ひ、弱る心を引き直し．取り直してもなお震ひ、突くとはすれど切先は．あなたへはづれ、こなたへそれ．

と、愛する女の命を奪うという一線をどうしても越えられずに苦しむ。殺さずにすむなら、どんなによかったか。生きたかった、生かしたかったのだという思いは、最後の最後まで徳兵衛を捉えて離さない。目の前で当人から「殺して」と迫られてなお、彼はそこへの未練とのあいだでもがくのである。

　しかし、もはや引き返すすべはなかった。ついに切っ先はお初の喉《のど》を貫く。


　あつとばかりに喉笛に．ぐつと通るが、南無阿弥陀．南無阿弥陀、南無阿弥陀仏と．刳り通し、刳り通す腕先も．弱るを見れば、両手を伸べ．断末魔の四苦八苦．あはれと言ふもあまりあり．我とても遅れうか、息は一度に引き取らんと．剃刀取つて喉に突き立て．柄も折れよ、刃も砕けと、抉り．くり〳〵目もくるめき．苦しむ息も暁の、知死期につれて絶えはてたり．（四二頁）

苦しみに満ちた陰惨なシーンであるが、しかし同時に、血と肉と骨と、すべての手ごたえにおいて男女が心と体をゆだね合い、互いが一体であることを感じ合う、「目もくるめ」くような激しい高揚も、そこにはある。こうしたある種の絶頂感において、互いの生を一つに瞬間燃焼させた二人のありようを、近松は「未来成仏疑ひなき、恋の手本となりにけり」（四三頁）として、物語を結んだ。

　徳兵衛・お初の心中は、決して人生の手本となるような行為ではない。男女関係に限っても、結婚してこの世の生を末永く添い遂げることのほうが、よほどその手本とされるべきなのだろう。しかし、当時の観客たちが、また時代を隔てた私たちが、二人のありように共感したり、あるいはそれ以上に激しく心を揺さぶられたりするのは、まさにそれが、平穏な結婚生活からはほど遠い、どこまでも排他的かつ情熱的な「恋」の手本として、受け止められるからである。社会的な道徳や制度による制約が少なくなった現代にあっても、恋愛において私たち自身の求めるものは、少なくとも自明には結婚と結びつかない。『曾根崎心中』はそのことを私たちに気づかせてくれる。

しかし他方、徳兵衛・お初による「恋の手本」は、両親によって授けられた命を全うし、近しい人びとからの恩愛に報いることを犠牲にして、はじめて成立した。彼ら自身もその罪を自覚しながら死に向かっていったことを思うとき、男女の恋愛が、命を絶つような悲しい結末に至らず、両親はじめ周囲の祝福を受けるということの尊さ、すなわち結婚という出来事の尊さをも、私たちは再認識することになるだろう。

深く恋し合う者同士が求めるものと、周囲の人びととの人間関係は、単純には両立しない。さらに言えば、そこにはらまれた根本的な矛盾が、結婚という制度によって残りなく解消されるのかどうかも、決して自明ではないのである。徳兵衛とお初は、そうした問題の最終的な解決を、死後の世界における救済に求めた。ここでは詳しく論じられないが、仏・菩薩への信仰という問題は、恋愛に殉じた彼らと私たちとを隔てる、大きなハードルとして残っている。

しかし少なくとも、恋愛と結婚が、現代においても決して連続した事態ではないということ、また、そもそも恋愛とは何であり、結婚とは何であり、男女として出会う私たちが何を願い求めるのかという根本問題を、近松の作品は鋭く突きつけていると言えよう。素朴な共感や疑念をより意味あるものにするため、時代背景の差異に目を向けつつも、まずは近松の巧みな語りや人形浄瑠璃という舞台芸術(2)に、直接身を浸すことを是非お勧めしたい。

（1）『曾根崎心中』からの引用と括弧内の頁数は、山根為雄ほか校注・訳『近松門左衛門集②』〈新編日本古典文学全集75〉（小学館、一九九八年）に拠った。

（2）現在では文楽が、その本拠地である大阪のみならず、各地で『曾根崎心中』を上演している。ただし、文楽における現行の脚本・音曲・演出形態は、ともに近松当時のものそのままではない。

第6章
近代日本における「愛」の変容

宮野真生子

1　「愛」をめぐる問題状況

「恋と愛って違うじゃないですかー」。

恋愛について議論するときに、しばしば登場するセリフだ。「恋は……こう……キュンとして突っ走る感じですけど、愛ってもっとすごくないですか」。「恋は、ともかく相手をものにしたい、一緒にいたいっていうのがありますけど、愛は、……無償の愛ですよ！　自分よりも純粋に相手のことだけを想って……」。

「恋」というのは、相手のことで頭がいっぱいになり、自分のものにしたいと情熱的に想うことで、「愛」は相手をいたわり、自分よりも相手を優先するような優しさに満ちたものというわけである。こういう話のあとには、往々にして恋や恋愛という言葉は身近だが、「愛」はちょっと遠い感じというか、自分たちには難しい、なかなかご大層なものだという意見が続いたりもする。そのくせ、同時にこんなことを言う人たちもたくさんいるのだ。「やっぱり結婚には愛がないと！」

現代の私たちにとって、「愛」という言葉は、「結婚」や「家族」と結びつくことが多いようである。そのときイメージされる「愛」とはどのようなものか。おそらく、互いを想い、相手に尽くし、包み隠さず距てなく繋がるといった感じだろう。筆者は勤務先で結婚をテーマにしたゼミを行なっているが、そのゼミで「結婚と愛」を考えるための事例を紹介してくださいと学生さんにお願いした際にあがったのは、難病のプロ野球選手を支える妻や、売れっ子アーティストの妻を尊重するサッカー選手だった。もちろん、実際の彼らには、日々小さなすれ違いやもめ事もあるだろう。しかし、私たちは彼らに「愛」のかたちを見る。彼らは互いを理解し合い、相手のために努力し、別々の二人というよりも、一つのユニットとして強く結びつく。それが「愛」なのだ。このとき大切なのは、彼らがお見合いなどではなく、恋をして結ばれたカップルだということである。「あなたが好き、あなたと一緒にいたい」という「恋」が、結婚することで他者に尽くす「愛」へと高められる。そして、恋する二人は oneness、つまり「一つになる」。「恋」と「愛」は違うのかもしれない。けれど、結婚はその二つの違うものをつなげてくれる。だから言うではないか、「恋愛結婚」と。結婚は「愛の証」と。

しかし、そこで言われる「愛」とは一体何なのだろうか[1]。

実は、私たちが結婚に託す「愛」という言葉のなかにはさまざまな事柄が混ざっている。恋における「一緒にいたい」という願望は、愛ある結婚によって「一つになる」こととして成就するというけれど、「一緒にいる」ことと、「一つになる」ことは同じだろうか。また、相手に尽くすことが「一つになること」なのだろうか、そもそも、「一つになる」ことなど可能なのだろうか。こうした疑問を問わずに、無造作に使われるのが現代の「愛ある結婚」という言葉と言えるだろう。本章では、私たちが結婚に託す「愛」の中身を考えるために、結婚と「愛」という言葉が結びついた経緯を近代日本の歴史のなかから見直し、そこで生じた問題について考えていこう。

2 「愛」という言葉は何を意味しているのか

❖時代とともに変化する「愛」のイメージ

「愛」の中身について考えると言われて、不思議に思った読者もいるかもしれない。「愛」の中身なんてわかりきったことで、「誰かを大切にする、慈しむ」という意味に決まっているじゃないか、と。

だが、「年寄り」といえば、現代社会においては年老いた人のことを指すが、かつてはリーダーという意味だったというように、言葉には歴史があり、その中身は変化していく。そして、中身が変化するとともに、その言葉がもつイメージも変化する。江戸時代の年寄りが、リーダーの品格として重々しいイメージを有していたのに対し、現在では年寄りはいたわるべきものとして、むしろ弱いイメージに変わっている。

では、現在の「愛」はどのようなイメージかといえば、「無償の愛」や「愛を誓う」といった言葉からわかるように、少し高尚でおごそかな感じをまとっている。だが、こういうイメージがついたのは、ごく最近のことである。もちろん、イメージが変化したということは、その言葉の中身自体に変化があったことを意味する。では、もともと「愛」という言葉は何を意味し、どのようなイメージがもたれていたのだろうか。

❖中国語の「愛」

注意してほしいのは、いま私たちが使っている「愛」という言葉には、三つの起源があるということだ。中国語、やまとことば（古くから日本で使われてきた言葉）、そしてキリスト教のlove、この三つの系統が複雑に入り組んだところで成立し、中身が見えにくくなっているのが、現在の「愛」である。第一に「愛」が漢字で表記される以上、それは中国からやってきたということを忘れてはならない。私たちは漢字を当たり前に使うゆえ、この文字が輸入品であることを往々にして意識しないが、同じ漢字を使っているからといって、同じことを意味しているとは限らないのである。

では、中国語の「愛」とはどのような意味なのか。原点は、中国の道徳・政治哲学である儒学にある。儒学では、人間は生まれながらに他者を慈しむ心がそなわっていると考える。その心のあり方を

「仁」というが、その「仁」に基づいて、他者を大切にすること、それが「愛」である。したがって、中国語の「愛」は何よりも他者を大切にするという行為を意味する。そして、この行為（大切にする＝愛する）が、社会を支える道徳の基礎であり、愛の道徳に基づいて政治を行ない世の中を治めることが大切だと儒学は考える。つまり、中国語の「愛」は単に「好きだ」「大事だ」という気持ちの問題ではなく、社会を形作る重要な行為なのだ。

❖近代以前の日本語の「愛」

この「愛」という漢語を古代の日本は輸入した。だが当初、この言葉を「愛（あい）する」という動詞として使うことは稀であった。むしろ、形容詞として、「愛（いと）し」、「愛（かな）し」、「愛（うるわ）し」、あるいは、動詞として使われる場合も「愛（め）づ」など、訓読で使用された。「愛（いと）し」という言葉は、現在でも「いとおしい」というかたちで使われるが、そこには「かわいい」という意味と同時に「気の毒だ、かわいそうだ」という意味も込められている。自分より小さいもの、弱い存在に対して心惹かれるときに使われる言葉、それが「愛（いと）し」「愛（かな）し」である。一方、「愛（め）づ」は、何かを好ましいと想う気持ちを表わす。現在でも使われる「花を愛でる」という言い方からわかるように、いわゆる恋心だけでなく、そこには物に対する愛玩という態度も含まれていた。この段階ですでに日本語の「愛」は中国語の「愛」から離れつつある。つまり、中国語の「愛」が儒学という政治・道徳哲学の基礎として、「人を愛することを道徳及び政治の根本におき、窮極的には国を治めることを理想とするような理性的態度を一つの特色とした」ものだったのに対し、日本語の「愛」は、むしろ「感情を重んじるもの」（松下貞三 一九八二、二五四頁）へと変わっている。さらに中世以降、「愛（あい）する」という表現が使われるようになるが、これも宮地敦子によると「目上から目下への行為をあらわし、その多くは自己本位的なもの」にほぼ限られているという（宮地 一九七七、三四頁）。小さく弱き者に惹きつけられ、その存在を好ましく思ってかわいがる、それが近代以前の「愛」という言葉に込められた意味だったと言えるだろう。もちろん、そうした「愛」に相手を大切にする気持ちがないというわけではない。しかし、それは、自己犠牲的な無償の行為というよりも、弱い存在を庇護し自分のもとに置いておこうとするもので、どこか自己中心的な心持ちであったと言えるだろう。

❖キリスト教の love との出会い

中国語で道徳的とされていた「愛」の「行為」が日本に輸入され、小さなものをかわいがる「愛」の「情」へと転換された。この段階で自己犠牲的な「無償の愛」というイメージはまだ日本語の「愛」のなかに存在しない。こうしたイメージが成立するのは、明治維新以後、キリスト教との出会いがあってからである。

さて、キリスト教という宗教は、しばしば「愛の宗教」と呼ばれる。このときの「愛」は、英語であれば love、フランス語であれば amour を指す。いまの私たちにとって「love＝愛」という翻訳はすんなり入ってくるものだろうが、この翻訳こそ明治初めのキリスト者たちを悩ませたものであった。というのも、第2章で見たように、キリスト教のloveは特定の何かを好んだり、かわいがったりするような人間同士の感情の問題ではなく、人間を創造した神のloveだったからである。神はすべての存在に等しくloveを注ぐ。そして、人間はそのloveにならって「自分自身を愛するように隣人を愛しなさい」と命じられるのである。本来であれば、自分と同じように他人を愛することはなかなか難しい。この難しいことを神のloveを手本として行なう。いわゆる「隣人愛」の実践がそれまでの自己本位的な「愛」のかたちと大きく異なるのは明らかだろう。だからこそ、明治初めのキリスト者たちはloveの翻訳に悩んだ。ちなみに、日本は明治以前にもキリスト教と出会っているが（戦国時代の切支丹《きりしたん》）、その際loveは「御大切」と訳されており、「愛」という言葉はない。

では、なぜ明治になってloveが「愛」と訳されたのか。このとき手掛かりとなったのが、皮肉なことに儒学の「仁」であり「愛」であった。というのも、切支丹禁令が敷かれていた日本を傍目《はため》に、一八四〇年代に入ると中国ではプロテスタントの宣教師が活動を始め、聖書の翻訳に取り組んでいたからである。その際、宣教師たちがloveの翻訳として注目したのが、儒学の「仁」と「愛」であった。たしかに、儒学には、慈しみの心を重視し、愛という行動を道徳の基礎に据えるという考え方がある。もちろん詳細に見れば、神の前での平等性や超越者の問題はあるが、キリスト教のloveにもっとも近いニュアンスをもつ言葉は「愛」しかなかった。こうして、キリスト教のloveは「愛」という翻訳語を手に入れ、その翻訳が明治の日本に入ってくることになる。だが、「中国語「愛」と日本人が用いる漢字「愛」は同義ではなく、英語の love は漢字「愛」より「いつくしみ」の方がふさわしい」（吉平 二〇一三、六六頁）と日本語の「愛」と中国語の「愛」そして、英語の love のズレに気づいていたキリスト者たちもいた。それゆえ、日本でも「仁愛」という訳や「愛」と書いて「いつくしみ」と読ませる方法など、そのズレを埋める努力がなされた。だが結局、明治元訳では love＝愛となり、それらのズレが意識されることなく、神を手本にした愛の実践が説かれることになった。

どうやら、「愛」とは「無償の」「誓うもの」という高尚なイメージは、キリスト教との接触以降に現われたと考えられる。だが、問題はここからである。というのも、日本人の多くはキリスト教徒ではない。おそらく「神の love」と言われてもピンと来ない。それにもかかわらず、「愛」には高尚なイメージがある。いまの私たちは、「愛」という言葉に対しキリスト教からその高尚なイメージをもらい受けつつ、その中身を理解することなく使っているのではないか。外側のイメージはキリスト教の高尚なベールをまとい、その中身は儒学・やまとことば・キリスト教などが雑多にミックスされている。そして、そのミックスされた「愛」が「結婚／家族」と結びついていくわけだが、そこにはさらに複雑なプロセスが隠れている。この複雑なプロセスを解く鍵は、love のもう一つの訳「恋愛」が握っている。

3 「色」から「ラブ」へ

❖「恋愛」という言葉の誕生

「恋と愛って違うじゃないですか」というけれど、それを一つにしている言葉がある。「恋愛」だ。ご存知の読者も多いかと思うが、この「恋愛」という言葉は明治時代にloveの翻訳語として新たに登場したものである。キリスト教のloveや儒学の愛が対象を限ることのない「いつくしみ」であるのに対し、「恋愛」は特定の対象へ向かう特別な感情と言える。明らかに異なる意味内容をもつ「恋愛」と「愛」がloveの訳語として使用され、しかも両者が混在した意味合いで用いられたことから、近代日本の愛をめぐる混乱は始まった。本節ではまず、loveが特定の対象への恋心として訳出され、「恋愛」という翻訳語が成立するプロセスを見ていこう。

柳父《やなぶ》章《あきら》によると、「恋愛」という言葉の初出は明治三年出版の中村正直《まさなお》翻訳『西国立志編』とのことだが（柳父 二〇〇一、五二頁）、すぐにこの翻訳が広まったわけではない。キリスト教的loveを特定の人への恋心、「恋愛」として読みかえるきっかけになった小説がある。それが坪内逍遙《つぼうちしょうよう》の『当世書生《とうせいしょせい》気質《かたぎ》』である。物語は、学生である小町田と彼の幼なじみで芸者の田《た》の次《じ》、二人の恋の話に当時の学生たちの生活模様が織り交ぜられて描かれるかたちになっている。この小説には、「快楽《プレジャア》」「あらし《ストウム》」「手紙《レター》」など、日本語でも可能な言葉にあえて英語を当てはめ、西洋文化を受け入れようとしていた若者たちの姿が描かれるが、もっとも頻繁に登場するのが「ラブ／ラアブ」である。いくつか拾ってみよう。「来歴のある恋《ラブ》」（坪内 一九三七、七八頁）「恋愛《ラブ》に迷うもの」（同前、九四頁）「向うから惚《ラブ》るしてくれば」（同前、一五一頁）「一旦愛《ラブ》した位なら、あくまでラブするがいいぢゃアないか」（同前、一七ている。「ラブ」という言葉が当てはめられている。四頁)[2]。「惚れる」「恋愛」「恋」といった、いわゆる恋心すべてに「ラブ」という言葉が当てはめられ

✣心を重んじる価値観の発生

しかし、「好き」になれば何でも「ラブ」というわけではなかった。逍遥は「色事」を上・中・下の三つのレベルに分け、上の恋だけを「ラブ」として認めていたようだ。上の恋とは「その人の韻気《きぐらい》の高きと、その稟性《こころばえ》の非凡なる」(同前、一九八頁)に惹かれるもの、つまり、相手の人格を尊重することから始まるものを指し、それに対し中のレベルは「まづその色をめづる」、要するに外見に惹かれるだけのものである。そして、下は「肉体の快楽」(同前、二〇〇頁)だけで結びつく関係とされる。肉体の快楽や相手の外見だけに惹きつけられるものは「ラブ」などではない。

おそらくこの価値観はいまもなお私たちのなかに残っている。外見や肉体的なつながりだけの恋(「体が目当てだったの?」というセリフ!)は「本当の恋」じゃない、というイメージとして。実は、そうしたイメージの起源は明治時代にある。それ以前の時代では、肉体的結びつきが心の結びつきより下等であるとか、心の結びつきがなければ肉体的なつながりをもってはいけないというような考え方はなかった。というのも、「恋愛」という言葉が成立する以前、恋心は「惚れる」「色」「色事」と呼ばれていたが、これらの言葉には肉体的関係が自明の前提として含まれていたからである。このことを小谷野敦《こやのあつし》は「情欲」という言葉を手掛かりに的確に指摘している。現在では、性欲に近い意味で

使われる「情欲」だが、江戸時代には、この言葉に「こひ」というルビが振られていた。

〔……〕近代の男によくあることだが、ある女と「セックスしたい」と思う際、「これは恋愛なのか、それともただの性欲なのか」と悩んだりする。〔……〕けれど、前近代の男がそういうことで悩んだだろうか。〔……〕「情欲」と「恋」が同じものなら、もちろん悩むはずなどないのである。「セックスしたい」と思ったら、それが「恋」なのである。『源氏物語』の貴公子たちなど、そういう意識の中で生きている（小谷野 二〇〇三、八一－八二頁）

「これは恋愛なのか、それとも性欲なのか」。この問いには、肉体と心の分離が前提されており、しかも、心のつながりこそ恋愛において大切なものであるという価値観が含まれている。そういう恋愛こそ「ラブ」に値するものなのだ。一方、江戸時代までの「色」や「情欲」や「惚れる」という言葉は、肉体関係をもつことと好きになるという感情を明確に区別しておらず、相手の体を求めるということは好きであると肉体と心を一続きのものとして捉えていた。それゆえ、肉体や外見ではなく「心」こそ大切という「本当の恋」を表現するには不向きであった。いわば、明治時代の人びとは「ラブ」という言葉を用いることで、それまでとは違う新しい恋のかたちを表現しようとしたと言える。

4　恋愛としての「ラブ」に託されたもの

✣近代化の証としての恋愛

それにしてもなぜ明治の人びとは、わざわざ「ラブ」という新しい言葉を持ち出して、それまでの恋の形と決別する必要があったのだろうか。答えは簡単である。恋愛／ラブこそが、近代化の証だったからである。

明治の日本にとっての最重要課題、それは欧米列強に追いつくことであった。そのために、江戸時代までの身分制度に縛られた世の中ではなく、自由で平等な社会の樹立が目指された。四民平等が宣言され、すべての人に移動・職業選択・婚姻の自由が与えられて、人びとは、自分の人生をみずから選び、努力次第でどんなふうにでも生きてゆくことのできる時代になった。

だが、これはあくまでもスローガンである。実際には、華族という貴族階級が存在し、平等といっても被差別民への蔑視《べっし》は存在した。そして、男尊女卑の文化も根強く残っていた。たとえば、先に見た『当世書生気質』には、女性に恋することは男をダメにするものであるし、女性に恋をしないために威厳を保たねばならないという自説を展開する恋愛反対派の学生が登場する。彼はこの意見に続けて、女性に恋をするくらいなら「龍陽主義」つまり男色の方が「智力を交換」し、「大志を養成する」という利益」（坪内　一九三七、一三二頁）があるから良いと言う。明らかに女性は男性より劣る存在であり、同等の関係を築くに値しないという考えがここにはある。

しかも、当時の日本では、親が決める見合い結婚が多数であった。結婚は恋の結果、愛の賜物などではなく、あくまでも家を守り生きていくための手段にすぎない。もちろん、見合い結婚をした後、愛し合うようになる夫婦もいただろう。だがそれは偶然の結果で、結婚にとって恋をして愛し合うことは必須の条件ではなかった。上級階級の男性ともなれば、妾を囲うことは珍しくなく、遊郭は男性にとっての社交場で、一時の色事を楽しむことができた。どこまでも女性は「家のため（見合い結婚）」あるいは「男のため（遊郭）」の道具であって、女性自身の意志が尊重されることは少なかった。明治の日本において、男女が対等の人間同士として向かい合うことはまだまだ難しかった。このような男尊女卑の状況を問題視したのが、当時の知識人、特にキリスト教徒たちである。彼らの一部は、男女平等の第一歩として女子の地位向上を訴えるため、一八八五（明治十八）年『女学雑誌』を創刊した。この雑誌こそ、恋愛としてのloveを世に広めることになる。

✤巌本善治の恋愛結婚論

キリスト教徒にとって、すべての人は等しく愛すべき存在である。にもかかわらず、生活のなかでもっとも身近にいる夫婦でさえ、その平等が達成されていないというのはゆゆしき事態であった。『女学雑誌』主幹の巌本善治《いわもとよしはる》は「婚姻論」で家のための結婚を「愛なく、愛せられずして」行なうものので、そのような結婚に平等な関係は育たないと批判する。では、どうすれば愛のある結婚、対等な関係は可能になるのか。そのためにはまず、相手を求め大切に思う気持ち、すなわち「恋愛」が必要であると彼は言う。相手を自ら求めるからこそ、慈しむ気持ちが生まれる。しかも、その「恋愛」は自分の意志で行なうものである。自分の意志で恋愛をし、互いを慈しみ合う結婚を行なう。そこには自由と平等の実現がある。だからこそ、恋愛（結婚）は近代化のあかしと言われるのだ。

ただし、キリスト教徒である巌本にとって恋愛し、結婚することは、何よりも神の love の実践である。決して、単なる恋愛結婚賛美ではない。彼は次のように訴えている。

われ未だ心を決しわざとながら人を我身と均《ひと》しく愛することを得ざりき、ただ「つま」に対して初めて此美しき心を振り起すことを得たり。而して此は肉親の刺激自ずからに我を動かすにあらず、我の霊、かく決し、かく行い、かく楽しめるもの也。〔……〕夫妻は之れ天地間唯一の同等者なり、初めて同等者の間に行わるるべき真の友情を味わうことを得。〔……〕われは、「つま」によりて、人類の真命を幾分か悟ることを得たり。〔……〕「つま」を得て、〔……〕我は我が最上の霊性を発達したり（巌本　一九七三、三六頁）

肉親に愛情を抱くのは自分と血のつながりがある以上、自然なことだが、夫婦とは赤の他人同士である。にもかかわらず、夫婦は赤の他人である相手を自分と同じくらい大切にし、対等な人間同士として向かい合うことができる。神ではないただの人間にとって相手を自分と同じくらい大切にするという「美しき心」をもつことができるのは、やはり自分が好きになり、ともに暮らす相手でないと難しいだろう。そうやって、恋をして結ばれた相手を大切に思うとき、人は「人類の真命」「最上の霊性」に近づくことができる。なぜなら、恋愛結婚をして、相手を自分と同じように愛することは、「隣人愛」の実践であり、そこで神の love を感じることができるからである。だから、恋愛も結婚も「神聖」だと巌本は言うのだ。

❖「本当の恋愛」から「愛ある結婚」へ

このとき注意してほしいのは、キリスト教にとって肉体的欲望は罪であるため、神の love に近づくための恋愛に肉欲は含まれないということだ。あくまでも大切なのは、相手を「我身と均しく愛する」こと、「心のつながり」であって、心のつながり（情交）に基づく恋愛の先で、「美しき心」を抱いた神聖な婚姻への道が開かれる。こうして体よりも心のつながりこそ「本当の」恋愛という価値観が成立し、「本当の恋愛」から「愛ある結婚」へという現代につながるプロセスが完成する。

「本当の恋愛」から「愛ある結婚」、このつながりだけであれば現代と何も変わらない。しかし、当初そのつながりを支えていたのは、神の love を目指すという課題であった。結婚を隣人愛の実践の場として考えるからこそ、相手を自分と等しく愛することが可能になる。だが、現代の私たちの恋愛・結婚に神の love は残っていない。にもかかわらず、「無償の愛」や「夫婦は一心同体」と言われるのはなぜなのだろう。それとも、神の love がなくとも、恋愛すれば愛ある結婚に自然とたどりつくものなのだろうか。

5　恋愛としてのラブの危険性

現代において恋愛・結婚という結びつきは、あまりに当たり前と思われていて、なぜ、恋愛結婚がいいのかと問うても、多くの人が「だって好きな人だから一緒にいるんじゃないですか」と答えるだろう。だが、「好き」であることと、「一緒に暮らす」ことは同じだろうか。一緒に暮らすには最適である人が、必ずしも性愛的に好ましい相手であるとは限らない。むしろ、好きだからこそ、一緒に暮らしづらいということも十分に考えられる。好きだから何でも許されるというわけではないにもかかわらず、恋愛結婚では、そこにあるとされる「愛」が免罪符になって、さまざまな問題が隠蔽《いんぺい》されているだけではないだろうか。本節では、恋愛と結婚の対立関係を指摘したうえで、両者が「愛」の名の下に結びつけられたとき、どのような問題が生じたのかについて見ていこう。

❖北村透谷の恋愛観

恋愛と結婚は、あまりに違う。その違いに気づいたのが、北村透谷《とうこく》である。キリスト教の洗礼を受けた知識人であった彼は『女学雑誌』の寄稿者の一人であり、自身も恋愛結婚を実践している。彼は、高らかに恋愛を賛美する。だが、彼の恋愛結婚は失敗に終わり、そのなかで恋愛の欺瞞《ぎまん》に気づくことになる。

透谷の代名詞といえば、「恋愛は人生の秘鑰《ひやく》なり、恋愛ありて後人世あり、恋愛を抽《ぬ》き去りたらむには人生何の色味があらむ」（北村 一九五〇、二五四頁）というフレーズである。「秘鑰」とは、秘密の扉を開く鍵を意味し、彼にとって恋愛は「人世の奥義の一端に入るを得る」ゆえに大切であるとされる。ここで言われる「人世の奥義」とは、うまく世渡りをするとか、成功を治めるとかではない。透谷にとっての「人世の奥義」は、日々の生活で見失われがちな真の自己を知ること、一昔前の言い方をするなら、世間的なことに煩わされない「本当の自分」を見つけることを意味する。

では、なぜ、恋愛をすれば「本当の自分」が見つかるのだろうか。それは、恋愛が単調な毎日を壊す、非日常的な体験だからである。誰かを好きになると仕事や勉強が手につかないという人は珍しくないだろう。そのなかで、ときに人はそれまでの自分では考えられなかった行動をとったりして、自分の意外な側面を見つけることがある。あるいは、知りたくなかった自分の嫌な面を知ることもあるかもしれない。それらを通して、人は恋愛のなかで「自分」という存在を問い直す。恋愛の情熱は、日々の生活で見えなくなった自分を目の前に突きつけるものなのである。それゆえ、「恋愛の性は元と白昼の如くなり得る者にあらず。［……］恋愛が盲目なればこそ痛苦もあり、悲哀もあるなれ、また非常の歓楽、希望、想像等もあるなれ」（同前、二六八頁）と透谷は言い、恋愛の特徴を冷静ではいられない激しい情熱、盲目性に求めた。

❖恋愛は「本当の自分」を手に入れるための手段

こうした激しい恋愛を透谷は「狂愛」と呼ぶ一方、結婚を「静愛」と言う。恋愛から結婚へ、それは「狂」が落ち着いて「静」に至り、愛が深まるといったことを意味するのではない。透谷は、自身が恋愛結婚をしているにもかかわらず、婚姻に対して「婚姻の人を俗化するは人を真面目ならしむる所以」（同前、二六一頁）ときわめて冷淡である。そして、フェミニズムにしばしば批判される、あの有名な文章を『厭世詩家と女性』で書きつける。

> 抑《そ》も恋愛の始めは自《みづか》らの意匠を愛する者にして、相手なる女性は仮物なれば、好《よ》しや其愛情益々発達するとも遂には狂愛より静愛に移るの時期ある可《べ》し、此静愛なる者は厭世詩家に取りて一の重荷なるが如くになりて、合歓の情或いは中折するに至は、豈惜む可きあまりならずや。（同前、二六四頁）

透谷は、恋愛を「自らの意匠」つまり自分の理想を求めるものだという。自分の理想とは、先に見たように、恋愛の情熱によってたどり着こうとする「本当の自分」である。恋愛と聞くと、一般的には他者を愛し、他者に向かうものというイメージがあるが、その先には「恋する自分」への憧れが隠れている。日々の生活に追われる自分はつまらない存在だけれど、恋を知ることで自分は輝きを手に入れることができる。そこにあるのは、自己犠牲や他者への慈しみではなく、「本当の自分」を手に入れようという欲望である。現代の漫画やドラマで繰り返し描かれる、恋愛で「より良い自分」になるというモチーフを透谷は一五〇年前にすでに見抜いていた。

だが、そうした恋愛は結局、自分のためではないのか。その通りだ、と透谷は答える。恋の相手は「仮物」、すなわち「本当の自分」にたどり着くための媒介にすぎないのだと。そこには、他者を対等な存在として愛し、神の love を実践するという巌本善治が見ていたキリスト教的な意図はもはやない。むしろ、巌本が考えたような、神の love に近づくための婚姻は、透谷にとって「重荷」にすぎない。結婚とは長く続く生活であり、ともに食べ眠り、金の計算をし、親戚づきあいに巻き込まれる「日常」である。そうした日常のなかで「本当の自己」が失われてしまうがゆえに、彼は恋愛に向かったのだから。非日常な恋愛は、日常の婚姻と激しく対立する。

❖恋愛と結婚の対立関係

恋愛がもつ非日常性、自己中心性は、透谷だけの問題ではない。たとえば、プラトンの著した『饗宴』に登場するアリストファネスは、エロスの本質を「全きものに対する憧憬と追求」（プラトン 一九五二、八四頁）と指摘している。恋において相手を求めるのは、充たされない自分（欠如のある片割れとしての自己）がその欠如を充たすことで、「全きもの」（完璧な存在）になるためであって、「恋」という事柄自体が、自己中心的な働きを有しているというわけだ。一方、巌本の目指した「愛ある結婚」とは、キリスト教の隣人愛を実践することであった。そこでは、他者を自己実現のための手段とするのではなく、他者を自己と等しく愛する自己犠牲的な態度が求められた。もちろん、そのような態度は簡単なことではない。だからこそ、人は神の love を導きとして、その困難な愛のかたちを実践しようとするのである。キリスト教の隣人愛は、逆説的に、神の love なきところで他者を愛することの困難さを明らかにしているといえる。プラトンや透谷が見たように、人間的な恋に自己への傾向が必然的に含まれているなら、なおのことそうであろう。透谷はキリスト者であったからこそ、恋愛と結婚の対立関係をいち早く見抜けたのかもしれない。そして、自身の恋愛結婚が失敗に終わったことを悟った。だが一般的には、この対立が重視されることのないまま、愛／ラブは、自己中心的な恋愛も、キリスト教的な隣人愛も含みこみ、区別されずに広く使われるようになっていく。近代日本の「愛」をめぐる混乱はここに始まったと言えるだろう。

すでに一五〇年近く前に透谷が恋愛のもつ自己中心性に気づいていながら、近代化を目指す日本で恋愛結婚は理想化され、愛ある結婚、対等に向き合い慈しみあう関係が喧伝される。恋愛と理想化された結婚のあいだに存在する大きな断絶をキリスト教への信仰をもたない者はいかにして超えるのか。そこに登場するのが、恋愛結婚における「一つになる」「距てなくつながりたい」という願望である。

6　「愛」があれば、どうなるのか

✣夏目漱石『行人』が描く「他者のわからなさ」

自由恋愛をして結婚をしたら、どのような関係が構築されるのか。いや、どのような関係が構築される「べき」なのか。その答えを教えてくれるのが夏目漱石である。彼は、繰り返し「他者のわからなさ」を小説のなかで描いている。特に『行人《こうじん》』に登場する一郎は、くりかえし近くにいる他者のわからなさを訴える。

一郎には直《なお》という妻がいる。二人は当時としてはありふれた見合い結婚で結ばれた。学者で気難しいところのある一郎と、やや愛嬌に欠ける直の夫婦関係はうまくいっているとは言い難い。それでも、「見合い」なのだから、「恋愛結婚」ではないのだから、夫婦なんてそんなものと割り切って日々を過ごしていけばよいのだが、そうはいかないのが一郎である。一郎には二郎という明るい性格の弟がいるのだが、ある日唐突に一郎は「直は御前に惚《ほれ》てるんじゃないか」（夏目 一九三〇、一二四頁）と二郎に問いかける。もちろん、二郎は即座に否定する。しかし、二郎の顔が赤くなったことを指して、一郎は「本当のところをどうぞ聞かしてくれ」とたたみかける。さらに「御前他《ひと》の心が解るかい」（同前、一二七頁）と尋ねる。ここで一郎が気にしている「他の心」とは「女の心」すなわち妻である直の気持ちである。そして、十九世紀イギリスの小説家メレディスの言葉を引用しながら次のように言う。

自分は女の容貌《ようぼう》に満足する人を見ると羨ましい。女の肉に満足する人を見ても羨ましい。自分はどうあっても女の霊というか魂というか、いわゆるスピリットを攫《つか》まなければ満足が出来ない。［……］しかし二郎、おれが霊も魂もいわゆるスピリットも攫まない女と結婚している事だけは慥《たしか》

だ。（同前、一二九頁）

一郎がもっとも苦しんでいるのは、直の気持ちがわからないことである。二郎のことは兄弟であるし、信用していると一郎は言う。しかし、他人である妻の気持ちがわからない。だから、二郎に直と二人きりで泊まり、「節操を試して」きてくれと懇願する。二郎はそれを拒否するが、暴風雨という不慮の出来事で期せずしてその貞操実験が果たされてしまう。もちろん、二郎と直のあいだには何も起こらない。そのことを二郎は一郎に報告するが、一郎はそれを信じてはくれない。こうして物語のなかで一郎は延々と直の気持ち、ひいては他者の心のわからなさに悩み続ける。

❖一郎の悩みの正体

だが、率直に言って一郎の悩みはおかしい。なぜなら、他者の気持ちがわからないことなど当たり前で、私たちは目の前の存在が何を考えているのかわからないから「他者」と呼ぶのだから。その心が完全にわかれば、それは「他者」などではない。しかし、一郎は妻である直に対して、そのわからなさを解消したいと望む。なぜ、彼はそんなことを望むのだろうか。そこには彼の結婚に対するある理想と誤解が隠れている。

先の引用から明らかなように、一郎は相手の「スピリット」「霊」を摑むことが結婚において大切であると考えている。結婚とは、相手の魂を摑むという「心の結びつき」でなければならない。その理想の源流に位置するのが、巌本善治の恋愛結婚論であるのは明らかだ。夫婦は対等な存在として、互いをみずからの半身として慈しむべきで、そのためには「心の結びつき」を可能にする恋愛が必要である、それが巌本の立場であった。一郎はこの価値観に基づいて、直の「スピリット」を要求する。だが、実際にはこの夫婦は見合い結婚なのだ。佐伯《さえき》順子が指摘するように、「夫婦関係に最初から期待しない「色」の男女観と、なんとかして「夫婦愛」を手に入れたいともがく一郎の結婚観は、対極的なもの」で、直の「スピリット」を摑もうともがく一郎は「夫婦間にも「恋愛」があるべきではないか、と考えるからこそ」（佐伯 二〇一〇、二三四頁）苦しむのである。

見合い結婚でありながら、恋愛結婚と同じようなつながりを求める一郎は、ここで決定的な誤解をしている。たしかに、巌本の考えた恋愛結婚は、相手をみずからと同じように慈しむことであった。だが、その慈しみは、相手の心を完全にわかることなどではないし、恋愛における「心の結びつき」というのも「他者のわからなさ」がなくなることを意味していたわけではないはずだ。ところが一郎は、恋愛すれば相手の心が隅々までわかるのだ、わからねばならないと強迫的に信じている。そのくせ彼は自己を絶対と考えており、他者へ歩み寄ろうとしない。これでは他者を理解することなど到底不可能だろう。結果的に一郎が出した結論は、目の前の他者と同化し、自他の隔てをなくせば、みずからと同じように他者を慈しむことになるはずだ、というものである。もちろん、その同化は女性である直が一郎に歩み寄ることを意味しているのだが。それゆえ、一郎が理解することのできない心をもつ直は、自分に愛される気もないし、自分を愛そうともしていないと彼は悩むことになる。

❖「一つになる」という理想の出現

キリスト教徒ではない多くの日本人が、この一郎の悩みを笑うことはできないだろう。自己と同じように他者を愛するという困難なことを、神のloveを導きとせずに目指すとき、何が起こるのか。キリスト教なき場所で「愛する」ことの難しさを体現したモデルケースが一郎の姿なのだから。

キリスト教の隣人愛が説く「心のつながり」、「我が身と等しく相手を愛する」ということが、異なる他者を尊重するという意味ではなく、自己と他者の隔たりを解消して、一体化することで果たされると変換される。現代でもおなじみの「一つになること」が恋愛結婚の「愛」のかたちという考え方がこうして登場する。しかしそれは、半身として他者を尊重するのではなく、半身とするために他者の「他」を消去してしまう、というやり方とも言えるのではないだろうか。

このとき問題なのは、実際に恋愛結婚をしたら、互いの心が隅々までわかるようになるかどうかという事実問題なのではない。上野千鶴子《ちづこ》が「そういう立場を取ることが可能なのが制度としての婚姻というものでしょう」と喝破するように、恋愛結婚は愛あるものだという理念のもとに、「一つにならねばならない」という理想がはめこまれ、その理想の実現のために「内面をわからねばならぬ、透明であらねばならぬという規範意識」(上野 二〇〇六、二三二頁)が成立したことが問題なのだ。神のloveなきところで他者を愛するために、恋愛結婚は互いが「透明」であれ、そして一つになれ(oneness)と要求する。それこそが「愛」なのだから、と。しかし、そのようなことは原理的に不可能ではないのか。一郎の苦しみが解消されることはあるのだろうか。

7 「一つになる」愛の果てに

❖高村光太郎・智恵子夫妻の悲劇

互いに対して透明で、二人が一体化した状態こそ「愛ある結婚」だ。それを理想化した結果の悲劇が『行人』の一郎だったが、これは単なるフィクションのなかの問題などではない。『行人』が出版されたのと同じ頃、この理想を内面化し、それを実行しようとする男女が現われる。それが高村光太郎・智恵子夫妻である。彼らの恋愛から結婚、そしてその終わりまでの道行きは「愛ある結婚」という理想のもとに「一つになること」を追い求めた者の真実を暴き出す。

高村光太郎は、一八八三（明治十六）年に仏像彫刻師であった高村光雲と母わかの長男として東京の下町に生まれた。ロンドン、パリと三年半にわたり西洋美術を学び、帰国後は評論や詩作などでも活躍した。一方、長沼智恵子は一八八六（明治十九）年に福島の酒造業の家に生まれた。裕福な家庭で何不自由なく育ち、日本女子大に入学する。一つ先輩には、平塚らいてうが在籍し、この頃の日本女子大は、時代の最先端の女性が集まる場所であった。そのなかで智恵子はみずからの才能を絵画の世界に見出し、女子大卒業後は画家を目指して太平洋画会研究所に学んだ。一九一一（明治四十四）年に創刊された『青鞜《せいとう》』の表紙を手がけ、「新しい女」の仲間入りを果たす。欧米帰りの新進気鋭の彫刻家光太郎と「新しい女」である智恵子が出会ったのはこの頃、智恵子が光太郎のアトリエを訪問したことがきっかけであった。二人は次第に親密になっていくが、智恵子の両親は娘の将来を案じ、地元の医者との縁談を進めていた。このことを知った光太郎は、「N――女史に」（のちに「人に」と改題）という詩を発表する。「いやなんです／あなたのいつてしまふのが」（高村光太郎 一九五五、一九一頁）から始まるこの詩に応えるように、智恵子は光太郎と人生をともにすることを決断し、それから二十年以上に及ぶ夫婦生活を送ることになる。

二人の関係は一種奇妙なものであった。一九一四（大正三）年頃から生活をともにするようになるが、法律婚の状態ではなかった。彼らは自分たちが近代化された自由で対等な関係であることを自負していた。光太郎自身は「女の生きて行く道」という評論で「男に自由があるように女にも自由がある。是れが男女を通じて其の生活の根本である」（高村光太郎 一九五七a、二四一頁）と自立した人間同士が愛の関係を結ぶことの重要性を訴え、一方の智恵子も「「女である故に」ということは、私の魂には係りがありません。女なることを思うより、生活の原動はもっと根源にあって、女ということを私は常に忘れています」（高村智恵子 一九九八a、一一九頁）と書き、光太郎との自由で平等な関係を生きようとしていた。実際、芸術家同士であった二人はしばしばアトリエにこもって、貧しいながらも互いの創作に打ち込む生活をしていたようだ。しかし、『智恵子抄《ちえこしょう》』で多くの人が知るように、その幸福（?）な暮らしは十五年ほどで終わりを告げる。智恵子の自殺未遂から統合失調症の発病、入院、そして、一九三八（昭和十三）年に智恵子は五十三歳でその人生を終える。『智恵子抄』とは、智恵子の死後に光太郎がその出会いから別れまでを振り返りつつ編んだ詩集である。

❖二人が目指した理想の結婚

この詩集は一般に「愛」の詩集であると言われる。たしかに、このなかで光太郎は智恵子を賛美し、死してなお、彼女の愛に包まれていることを詠う。彼らが愛し合っていたことは間違いないだろう。しかしそれゆえに、二人は「愛ある結婚」という理想にがんじがらめになっていったのかもしれない。「愛ある結婚」という理想が二人をどのように絡め取り、特に智恵子を追い詰めていったのかを詳しく見ていこう。

先にあげた「N――女史に」は「いやなんです」の呼びかけの後にこう続く。「あなたはその身を売るんです／一人の世界から／万人の世界へ／そして男に負けて／無意味に負けて／ああ何という醜悪事でしょう」(高村光太郎 一九五五、一九二頁)。ここで光太郎は、見合い結婚に愛はなく、生活のために金で「身を売る」ことと同じであると批判する。それは平等な一対一の男女関係(一人の世界)とはまったく異なる、ただ生活するために自己を捨てた生き方(万人の世界)で、智恵子はそのようなことをしてはいけないのだ。なぜなら、彼女は「芸術の価値を知りぬいて居る方／それ故、人間の奥底が見える方」だからである。この言葉を聞く限り、彼にとって、智恵子は一女性としてだけでなく、芸術にたずさわる同志であり、そこには対等な関係が開かれている感じを受ける。そして、二人が結ばれたあと、光太郎は次のように詠う。

あなたは本当に私の半身です／〔……〕／私の生《いのち》を根から見てくれるのは／私を全部に解してくれるのは／ただあなたです（「人類の泉」高村光太郎　一九五七b、二一二－二一三頁）

愛する相手は、自己の「半身」である。二人はクリスチャンではないので、二人を導く神のloveはない。だが、それは問題ではない。芸術を求める者同士であれば、「私の生を根から見て」「全部理解」することができる。それは、「僕のいのちと／あなたのいのちとが／よれ合い　もつれ合い　とけ合い〔……〕／すべての差別見は僕等の間に価値を失う」（同前、二四九頁）ことを意味しており、それゆえ、「そこには世にいう男女の戦がない」と光太郎は謳う。まさに「透明な自我」による「一体化」である。一方の智恵子もそれに応えるように、二人の暮らしを「潤され温められ、心の薫ずるおもいがする私達の家。〔……〕よきにせよ不可なるにせよ、掩うものなく赤裸で見透しのそこに塵埃《ちりほこり》をとどむるをゆるさない」（高村智恵子　一九九八b、一二四－一二五頁）と「透明」な関係を強調する。

❖「一つになること」の真相

「透明な関係」、そんなことが本当に可能なのだろうか。芸術家という特殊な職業であれば可能なのかもしれない。だが、二人はともに暮らし、生活を営んでいたのである。そのなかで隅々まで融合することは難しいだろう。実は、智恵子の「赤裸で見透かし」という言葉にはカラクリがある。この引用の前には、「二人が為事《しごと》を放擲《ほ》った時の私達の家庭は、まるで幸福の洪水だ」と記されている。つまり「為事」という日常の雑事を手放したときだけ、透明な幸福は訪れるのだ。しかし、「為事」という日常は彼らを追いつめていく。二人の暮らしはとても貧しく、光太郎の評論や実家からの援助だけが収入源だった。そんな貧しさも光太郎の手にかかれば、詩として昇華されるが、智恵子は家事を行ない、家のことに気遣わねばならない。それでも当初、智恵子は絵画の勉強に努め、展覧会への応募も行なっている。しかし、ことごとく落選に終わり、やがて彼女は絵画から距離を置き、家計の足しにと糸を紡ぎ、機織りを始める。一方、光太郎は積極的に創作活動を続けていた。認められない智恵子の絵画、創作意欲みなぎる光太郎。次第に智恵子はみずからの作品ではなく、光太郎の作品をみずからのものと愛すようになり、彼の創作を支える役割になっていく。

そうした智恵子との暮らしを光太郎は「同棲同類の暮らし」と言い、貧しい暮らしのなかで質素になり、飾り気のなくなっていった彼女を「あなたはどんどんきれいになる」と称讃する。だが、それは「同棲同類の暮らし」だろうか。光太郎に智恵子が「同棲同類」と見えていたのは、智恵子が「赤裸」な存在になるために自己を捨て、「智恵子は光太郎に自己同化し、自分を愛するように盲目的に光太郎とその芸術を愛した」（湯原かの子 二〇〇三、一五〇頁）からではないのか。

たしかに、光太郎と智恵子の結婚生活は、対等な関係を目指して始まったものだったろう。だが、気づけばそれは、互いの人生を持ち寄り、相手を尊重し、愛することではなく、女が男の人生を引き受けるために「赤裸（＝透明）」になって自己を失うことで、男の人生と同一化することになってしまった。それを「愛ある結婚」と信じてしまったところに、二人の悲劇は起因すると言えるだろう。

✣不可能な理想と化した「愛」

こうした智恵子に対して、なぜ「新しい女」を自負していた彼女がたやすく自己を男に引き渡してしまったのか、という疑問もあるだろう。だが、それは逆である。彼女が「新しい女」だからこそ、近代的で自由な人間になろうとしたからこそ、恋愛結婚が謳う「愛」のトリックにはまったのである。光太郎は巧妙にそのトリックを利用したのだと黒澤亜里子が的確に指摘している。

「新しい女」としての智恵子を魅きつけるためには、光太郎としてはそこに一種の観念的な「超越」のからくりを用意する必要がある。すなわちそれは、一方で結婚という卑俗な世界に「身を売る」という転落に甘んじ、「男に負けて子を孕む」という醜悪な現実を露骨なまでに突きつけて智恵子の強烈な矜持に揺さぶりをかけ、もう一方で「芸術の悩みを味つた方／それ故、芸術の価値を知りぬいて居る方」としての智恵子の泣きどころを操《くすぐ》るという手管である。つまりこれは、光太郎を選ぶことが、そのまま「芸術の価値を知りぬいて居る」、「人間の奥底の見える」自己同一性《アイデンティティ》を選択することだと錯覚できるような眩惑を含む、巧妙な罠なのである（黒澤亜里子 一九八五、一一七頁）

光太郎を選ぶことが、芸術を知る、いわば「価値ある自己」を選ぶことを意味していたから、智恵子は光太郎との結婚を選んだと黒澤は言う。もちろんそうだろう。さらに、その前提には「恋愛結婚」「愛ある結婚」を選ぶ人は、自由で平等を知る近代的存在だという自負がある。そして、その恋愛結婚には、「一つになる」という「愛」の理想が埋め込まれている。理想的な恋愛結婚を果たし、自由で平等な存在になるためには、その「愛」の理想に殉じなければならない。光太郎は繰り返し、「とけ合い」「もつれ合い」と彼女にその「愛」の理想を訴えかける。「愛」の理想に殉じ、「一つになる」恋愛結婚を果たした、私たちは「近代的」なのだ、という囁《ささや》きがそこに隠れていたのではないか。だが、その結末がどうなったのかは、周知の通りである。「赤裸」な自己で、他者と同一化する「愛」の理想は、「透明な自我」による「自己の溶解」という病へとたどり着いた。「愛」は決して、自己と他者を「一つ」にしてはくれなかったのだ。

智恵子の一生を私たちは『智恵子抄』という「愛」の物語として長らく受けとってきた。その間、どれだけ多くの女性が、「恋愛結婚」という愛の理想を信じて、透明な自己に向かって努力をし、男性の人生に同化しようとしてきたことか。おそらく、そのような選択をした女性たちは強制されて男性の人生に同化したのではないだろう。みずから進んで選択し、愛ある結婚を実践しようとした。近代化したとはいえ、いまだ男尊女卑の残る社会で、「自己」という存在を手に入れるための、それが数少ない方法だったのだろう。だが、そこにあったのは「愛」という不可能な理想だった。「恋」と「愛」は違う。けれど、結婚だけが「一つになる」ことで「愛」を可能にする。そんなふうに呟く私たちの夢の果てに智恵子がいるのではないか。

8　さいごに

欧米と出会い、キリスト教の影響を受けながら、近代日本に成立した「愛」の内実を本章では見てきた。私たちが現在使っている「愛」のなかには、キリスト教的な隣人愛への憧れ、恋のもつ自己中心性、「一つになる」という恋愛結婚の理想像などが入り交じっており、それを「無償の」「とけあった」というイメージが甘やかに覆っていると言えるだろう。

こうした状況に対して伊藤整は、「キリスト教系の祈りの発想のないところでの夫婦の愛というものは、大きな疑いの目で見直されなければならら」(伊藤　一九八一、一四八頁)ず、「心的習慣としての他者への愛の働きかけのない日本で、それが、愛という言葉で表現されるとき、そこには、殆んど間違いなしに虚偽が生れる」(同前、一五一頁)と批判した。

たしかに、近代日本の「愛」は、キリスト教で言われるloveと同じものではないだろう。だがそれを伊藤のように「虚偽」と切って捨ててよいのだろうか。『行人』の一郎が悩み、高村智恵子が命を賭けたように、近代・現代の私たちは「愛」というものの理想をよすがに恋をし、他者との関係を築こうといまだにしている。だからこそ、その「愛」の理想に何が託されていたのかを知る必要がある。

そして、そのなかで、他者とともにあろうとする「愛」のかたちをもう一度考えてほしい。本章では、「愛」の「一体化」を批判的に扱ったが、一方で私たちが他者を求めるとき、その相手と「一緒にいたい」「ともに暮らしたい」という欲求をもつことは珍しいことではない。その欲求のなかには、相手に近づき、できることなら「一体化」したいという願いが含まれていることも多々あるだろう。実際の日常とは、一体化の願いをもちながら、互いの矛盾や相剋に悩み、一体化の願いを断念しつつともに暮らすことを模索する生活と言える。だが、それもある種の「一つ」を目指す運動ではないのか。「一つ」になることはできないけれど、「一つ」を目指すからこそ手に入る関係もまたある。異なる存在である自己と他者が「ともにある」とは、そうした相剋や模索を孕みつつ形作られる生き方であると言える。だとすれば、いま求められているのは、他者と生きる愛を、恋愛が結婚として実った「あかし」ではなく、「ともにある」というプロセスのなかで捉え返すことではないだろうか。

（1）本章では、「愛」の成り立ちを恋愛と結婚との関係から見ていくという方法をとったため、「家族」における「愛」、特に子どもと親の関係について扱うことはしない。ただし、結婚の愛に託された「一体化」というモデルは、おそらく親子関係にも影響を及ぼしていると考えられる。この点については本シリーズ第3巻『家族』を参照していただきたい。

（2）本章では仮名遣いを適宜新字に改めた。

▒参考文献

伊藤整（一九八一）「近代日本における「愛」の虚偽」『近代日本人の発想の諸形式』岩波文庫。

巌本善治（一九七三）「婚姻論」『明治文学全集32　女学雑誌・文学界』筑摩書房。

上野千鶴子・末木文美士（二〇〇六）「対論 性／愛／家族」『思想の身体　愛の巻』春秋社。

黒澤亜里子（一九八五）『女の首――逆光の「智恵子抄」』ドメス出版。

北村透谷（一九五〇）『透谷全集　第一巻』岩波書店。

小谷野敦（二〇〇三）『性と愛の日本語講座』ちくま新書。

佐伯順子（二〇一〇）『「色」と「愛」の比較文化史』岩波書店。

高村光太郎（一九五五）『高村光太郎詩集』岩波文庫。

高村光太郎（一九五七ａ）『高村光太郎全集　第六巻』筑摩書房。

高村光太郎（一九五七ｂ）『高村光太郎全集　第一巻』筑摩書房。

高村智恵子（一九九八ａ）、「女なる事を感謝する点――本誌のお尋に対する諸家の飾りなき答え」『高村光太郎全集　別巻』筑摩書房。

高村智恵子（一九九八ｂ）「私達の巣」『高村光太郎全集　別巻』筑摩書房。

坪内逍遙（一九三七）『当世書生気質』岩波文庫。

夏目漱石（一九三〇）『行人』岩波文庫。

プラトン（一九五二）『饗宴』久保勉訳、岩波文庫。

松下貞三（一九八二）『漢語「愛」とその複合語・思想から見た国語史』あぽろん社。

宮地敦子（一九七七）「「愛す」続考」『國文學論叢』22巻、龍谷大学。

柳父章（二〇〇一）『一語の辞典　愛』三省堂。

湯原かの子（二〇〇三）『高村光太郎――智恵子と遊ぶ夢幻の生』ミネルヴァ書房。

吉平敏行（二〇一四）「Love の明治元訳「愛《いつくしみ》」と「仁愛」をめぐって――「愛」を「愛《いつく》しみ」と訳す可能

性」『教会の神学』日本基督教会神学校。

■ブックガイド

伊藤整「近代日本における「愛」の虚偽」『近代日本人の発想の諸形式』（岩波文庫、一九八一年）

コンパクトな論文だが、近代日本における「愛」の問題をキリスト教由来の love とそれまでの日本における他者関係のあり方から描き出している。近代日本における「愛」の歪さについて考えるときに必読の論文である。

北村透谷「厭世詩家と女性」『透谷全集　第一巻』（岩波書店、一九五〇年）

近代日本の恋愛観を考えるうえで、外すことのできない論考。情熱恋愛というものの深層を捉えると同時に、その問題点をみずから暴くことで、恋愛の限界点を明らかにしたものと言える。

デビッド・ノッター『純潔の近代――近代家族と親密性の比較社会学』（慶應義塾大学出版会、二〇〇七年）

社会学の観点から、近代日本において、愛と性と家族が結び付いていく過程を読み解いた良書。当時の雑誌などからの資料も多く紹介されており、大変参考になる。

佐伯順子『「色」と「愛」の比較文化史』（岩波書店、二〇一〇年）

坪内逍遙から出発し、近代文学のなかで描かれる「恋愛」の姿を分析することで、当時の人びとがそこに託した「愛」のかたちを明らかにした本。近代日本における「愛」をめぐる文学史を通覧できる。

宮野真生子『なぜ、私たちは恋をして生きるのか――「出会い」と「恋愛」の近代日本精神史』（ナカニシヤ出版、二〇一四年）

「恋愛」の問題にフォーカスし、近代日本において「恋愛」が強く求められた理由を「自己」の成立との関係から哲学・精神的に分析した一冊。恋愛の問題を哲学的に考えたい場合におすすめ。

おわりに

愛について語ることは簡単だ。街に出ればラブソングを耳にしない日はないし、テレビやネット上で「愛」という文字を目にしない日はない。若者たちはさほど気恥ずかしさを感じることなく愛のことばを囁《ささや》き、ハートマークに満ちたメッセージを送り合っている。だが、愛について考えること、それも深く考えること、哲学することはむずかしい。そのむずかしさにはおそらく三つの理由がある。

日々大学生たちと接していると、「ただ愛し、愛されれば、それで十分じゃないですか。どうして愛について深く考える必要なんかあるんですか」という反応が返ってくることがある。おそらく大学生に限るまい。ごちゃごちゃと言葉を連ね、机上の空論をもてあそぶのは好きになれないという、潜在的な「哲学嫌い」は案外多いのではないだろうか。だが、ひとを好きになってしまうことは本能的だとしても（それだって本当はどうかわからないが）、だからといって私たちは何も考えずに誰かをうまく愛することができ、誰かにうまく愛されることができるというわけではない。食欲があるのは本能的だとしても、だからといって料理の上手な作り方、上手な食べ方を知っているとは限らないのと同じである。エーリッヒ・フロムの古典的名著『愛するということ』の原題は、*The Art of Loving* で、直訳すれば「愛する技術」だ。ひとをちゃんと愛するためには技術が要る。ごく当たり前のことだが、忘れられがちなことでもある。これが「愛の哲学」に入門することがむずかしい第一の理由である。愛は考えるものじゃない、というわけだ。

　私たちが愛と無縁の存在であれば、話はまた違っていたかもしれない。けれど、「ひとから愛されない」ことに悩むひとですら、その悩みを通して愛の桎梏《しっこく》につながれている。「自分には愛なんて必要ない」と心の底から考えるひとであっても、その考えが単なる強弁や独りよがりではないと自分なりに確信できるためには、やはり「愛とは何か」と一度は深く考え抜いたはずだ。誰も愛と無関係ではいられない。「愛の哲学」の困難はそこにある。というか、あらゆる哲学の困難はそこにある。自分のなかに潜む〝常識〟という名の思い込みがいかに執拗か。自分の〝歪み〟に気づくのがいかに困難なことか。それを正そうとする意識すら〝歪んで〟いる可能性があるとすれば、なおのことだ。絶えず流れゆく水の中で泳ぎ回る魚の動きを正確に見定めようとする困難に、それは似ているかもしれない。魚を捕まえ、水の中から引き揚げ、まな板の上に載せれば、魚の体長や体重は計測することができる。けれど、捉えたいのは、鱗をきらめかせて泳ぎ回る、生きた魚のしなやかな動きなのだ。これが「愛の哲学」がむずかしい第二の理由である。愛なら知ってるよ、というわけだ。

　第三の理由はもう少し上級者向けだ。「愛の哲学」なんてくだらない、「愛」や「恋」の話でナイーブな若者を〝たぶらかす〟なんてと考えるのはまだいい。存在や時間や生命倫理や民主主義についての理論構築は、愛や性や家族について考えることよりはるかに重要だと断じてしまう職業的哲学者には、星を見つめるのに夢中なあまり、井戸に落ちる哲学者の話を思い出してもらえばいいだろう。

チョコレートはたしかに甘いが、チョコレートについて考えるのは必ずしも甘い作業ではないのだ。むずかしいのはここからである。愛について深く考え、愛を哲学するということは、必ずしも究極の、極限的な、至高の愛を考えることとイコールではない。ごくありふれた、日常的な、ささやかな愛の楽しさ、そして哀しさを考えることも、同じくらい哲学的な営みでありうる。人知れぬ恋もあれば、人ならぬものとの愛もある。甘い愛の言葉も尽き果て、もはや喧嘩さえしない、果たして愛しているのかどうかもよくわからない、それでも何となく共に生き続けている——たとえばそんな〝愛の果て〟から始まる〝愛〟もある。チョコレートにはビタースイートもあるのだ。

「愛の哲学」とは何か。さまざまな愛のかたちのうちに、ありふれた（ordinary）しかしある意味では途方もない（extraordinary）もの、身近でしかし捉えがたいもの、ささやかでしかし避けがたいものを見つめること、愛の可能性の美しさを謳《うた》い上げるのではなく、その現実的《リアル》な輪郭を正確に描きとることである。だからこそ、それはとてもむずかしい。

　こうして三つの難関を乗り越え、ひとはようやく本当の意味で、愛を哲学することにたどり着く。そして、愛を哲学するには、あらためて哲学史を繙《ひもと》く必要があると心から思えるようになる。たとえば、本書第一章でも取り上げられているプラトンは、「心霊上の美を肉体上の美より価値の高いもの」と考えており、「親密な共同の念」のみによって結びつく精神的共同体を重視したという意味で、たしかに現在の「恋愛結婚」につながるものを構想したと言える。だが、プラトンは「一人の人をただひたすら想う」ことを〈愛〉の究極形とは考えていなかった。「奴隷のように、一人の少年とか一人の人間とか［……］に愛着して、ある個体の美に隷従し、その結果、みじめな狭量な人となる」ことを避け、「認識上の美をも看取することができる」ようにすべしと言っているのだ（『饗宴』208E–210D）。彼はいったい愛をどう考えていたのか。私たちは何度でもプラトンを読み返さねばならないだろう。

本書『愛の哲学』に収められた論考はすべて、編者二人が福岡の地で行なっている「恋愛・結婚合同ゼミ」のイベントがもとになっている。イベントに参加してくれた先生方、学生、ＯＢ・ＯＧのみなさんがいなければ、この本が生まれることはなかった。一応、本シリーズの編者はゼミ主催者二人となっているが、おそらく合同ゼミの〈場〉そのものが本シリーズの真の主体なのだろう。それはまさに、「心霊上の美」を価値とし、「親密な共同の念」によって〈愛〉と〈知〉と〈われわれ〉が結びつけられた精神的共同体そのものではなかっただろうか。私たちは、プラトン的な〈愛の共同体〉を実践していたのではなかったか。あらためて、参加者のみなさんに、そして（last but not least!）この出版企画に賛意を示し、繊細なご配慮と周到なバックアップをいただいたナカニシヤ出版の石崎雄高さんに、心からの感謝を捧げたい。若い人びとが本書を読んで、自ら愛について考え、さらにはプラトン同様、友人や大切な人びとと〝愛の哲学〟を実践してみようと思い立ってくれたら、これほどうれしいことはない。

藤田尚志

ナ　行

ハ　行

マ　行

ヤ　行

ラ　行

サ　行

タ　行

事項索引

トロワ, クレチアン・ド(Chrétien de Troyes)　55, 62

ナ　行

中村正直　179
夏目漱石　190, 191, 204
ヌスバウム, マーサ(Martha Craven Nussbaum)　12, 13, 32, 33

ハ　行

パイドロス(Phaedrus)　9
パウロ(Paulos)　72, 74, 100
パラン=デュシャトレ, アレクサンドル(Alexandre Parent-Duchatelet)　115, 131
バルザック(Honoré de Balzac)　115, 131
バルト, カール(Karl Barth)　66, 67, 70, 75–95, 97, 98
バルト, ロラン(Roland Barthes)　120, 131
ハルプリン, デイヴィッド・M(David M. Halperin)　23, 24, 31
平塚らいてう　195
フィニス, ジョン(John Finnis)　3, 4, 12, 13, 32, 33
フォースター, エドワード・モーガン(Edward Morgan Forster)　18, 19, 32
プラトン(Platon)　2, 4, 5, 7–15, 17, 18, 20–26, 29–32, 34, 35, 40, 41, 63, 189, 190, 204
フーリエ, シャルル(Charles Fourier)　101, 104–108, 112, 115, 116, 119, 121, 124–132
プルタルコス(Plutarchus)　20, 21, 24, 26, 29, 31, 32, 34
ベルナルドゥス(Berunardus)　50, 51, 53
ベルール(Béroul)　55
ベンサム, ジェレミー(Jeremy Bentham)　123, 124, 131
ボヴェー, テオドール(Theodor Bovet)　76, 97, 98
ボーヴォワール, シモーヌ・ド(Simone de Beauvoir)　97
ホデリ(の命)　136, 140
ポープ, アレキサンダー(Alexander Pope)　36, 58
ホワイトヘッド, アルフレッド・ノース(Alfred North Whitehead)　5
ホヲリ(の命)　136–141, 143–145, 151, 152, 159, 160

マ　行

宮崎駿　134, 136, 141, 142, 162
モーパッサン, ギー・ド(Guy de Maupassant)　112, 115, 131
森朝男　138, 150, 162
モンテスキュー(Charles-Louis de Montesquieu)　106, 111, 112, 131

ヤ・ラ・ワ　行

柳父章　179, 204
吉田幹生　152, 162, 163
ルター, マルティン(Martin Luther)　66–71, 73, 79, 86, 88, 96, 97, 99
ルフス, ムソニウス(Musonius Rufus)　2–5, 7, 8, 13–15, 17, 22, 25–30, 33
ワタツミの神　136, 139, 140, 143, 151, 154

人名・神名索引

ア　行

アウグスティヌス(Augustinus)　47–50, 61, 63, 67, 68, 97
アクィナス, トマス(Thomas Aquinas)　3, 11, 31, 51–53, 61, 63
アダム(Adam)　70, 71, 81
アベラール(Abélard)　37, 38, 57–59, 61, 62, 64
アマテラス　155
アリストテレス(Aristotelēs)　41, 61
アリストパネス(Aristophanēs)　5–9, 189
アレント, ハンナ(Hannah Arendt)　103, 104, 131
アンティパトロス(Antipatros)　25
アンデルセン(Hans Christian Andersen)　136
イヴ(Eve)　81
イエス(キリスト)(Iēsūs)　67, 68, 72, 73, 78, 90, 92, 95
イザナキ　143–145, 153, 155, 160, 161
イザナミ　143–145, 153–155, 160, 161
伊藤整　202, 203, 205
巌本善治　183–185, 189, 193, 204
上野千鶴子　194, 204
エックハルト, マイスター(Eckhart Meister)　52, 53, 62
エピクテトス(Epictetus)　2
エロイーズ(Héloïse)　37, 38, 56–59, 61, 62, 64
エンゲルス, フリードリヒ(Friedrich Engels)　130, 131
オウィディウス(Ovidius)　53, 54, 62

カ　行

カフカ(Franz Kafka)　127
カペルラーヌス, アンドレアス(Andreas Capellanus)　54, 55, 61, 62
北村透谷　186–190, 204, 205
キルケゴール(Sören Aabye Kierkegaard)　124–127, 131
黒澤亜里子　200, 201, 204
小谷野敦　180, 204

サ　行

佐伯順子　193, 204, 205
坂本勝　153, 162, 163
サッフォー(Sapphō)　116
シジウィック, ヘンリー(Henry Sidgwick)　102, 103, 131
ソクラテス(Socrates)　5, 18, 33

タ　行

高村光太郎　195–201, 204
高村智恵子　195–202, 204
タンピエ, エティエンヌ(Étienne Tempier)　54, 62
近松門左衛門　164, 168–170
坪内逍遙　179, 180, 204, 205
ディオティマ(Diotīma)　15–17, 25, 30
ディドロ(Denis Diderot)　106
デリダ, ジャック(Jacques Derrida)　127, 131
トマ(Thomas)　55, 56, 62
トヨタマビメ　136–141, 143–145, 151–153, 155, 156, 158–160

チカ』〔共著〕(ナカニシヤ出版，2004年)，他。
【担当】第５章

栗原　剛(くりはら・ごう)
1975年生まれ。東京大学大学院人文社会系研究科博士課程単位取得退学。博士(文学)(東京大学)。日本倫理思想史専攻。山口大学准教授。『岩波講座　日本の思想　第四巻　自然と人為』〔共著〕(岩波書店，2013年)，『佐藤一斎――克己の思想』(講談社，2007年)，他。
【担当】コラム

宮野真生子(みやの・まきこ)
奥付，編者紹介を参照。
【担当】第６章

■執筆者紹介（執筆順）

近藤智彦（こんどう・ともひこ）

1976年生まれ。東京大学大学院人文社会系研究科博士課程修了。博士（文学）（東京大学）。哲学・倫理学，西洋古典学専攻。北海道大学准教授。*Dialogues on Plato's* Politeia *(*Republic*) : Selected Papers from the Ninth Symposium Platonicum*〔共著〕(Academia Verlag, 2013)，『西洋哲学史Ⅱ――「知」の変貌・「信」の階梯』〔共著〕（講談社，2011年），『西洋古典学の明日へ』〔共著〕（知泉書館，2010年），他。

【担当】第１章

小笠原史樹（おがさわら・ふみき）

1977年生まれ。東北大学大学院文学研究科博士後期課程修了。博士（文学）（東北大学）。哲学・倫理学専攻。福岡大学人文学部准教授。「神義論再考――東日本大震災を巡るキリスト教的諸言説の分析」（『西日本哲学年報』第22号，2014年），「抗議と沈黙――神義論批判の二類型」（『倫理学年報』第60集，2011年），「神の絶対的能力――トマス哲学の一断面」（『哲学』第57号，2006年），他。

【担当】第２章

佐藤啓介（さとう・けいすけ）

1976年生まれ。京都大学大学院文学研究科博士後期課程学修認定退学。博士（文学）（京都大学）。宗教哲学専攻。南山大学准教授。『スピリチュアリティの宗教史』上巻〔共著〕（リトン，2010年），『フェティシズム研究１――フェティシズム論の系譜と展望』〔共著〕（京都大学学術出版会，2009年），「神学者たちのキルケゴール――可能的なもの，そして不安と希望」（『現代思想』42⑵，2014年），他。

【担当】第３章

福島知己（ふくしま・ともみ）

1971年生まれ。一橋大学大学院社会学研究科博士課程修了。パリ第７大学博士課程修了。博士（社会学）（一橋大学，パリ第７大学）。社会思想史専攻。一橋大学社会科学古典資料センター専門助手。『危機の時代の思想』〔共著〕（梓出版社，2016年），シャルル・フーリエ『増補新版　愛の新世界』〔翻訳〕（作品社，2013年），ジョナサン・ビーチャー『シャルル・フーリエ伝』〔翻訳〕（作品社，2001年），他。

【担当】第４章

藤村安芸子（ふじむら・あきこ）

1971年生まれ。東京大学大学院人文社会系研究科博士課程修了。博士（文学）（東京大学）。倫理学・日本倫理思想史専攻。駿河台大学教授。『仏法僧とは何か　『三宝絵』の思想世界』（講談社，2011年），『死生学２　死と他界が照らす生』〔共著〕（東京大学出版会，2008年），『差異のエ

■編者紹介

藤田尚志(ふじた・ひさし)

1973年生まれ。東京大学大学院人文社会系研究科博士課程(後期)単位取得満期退学。フランス・リール第三大学人間社会科学研究科博士課程修了。Ph. D.(リール第三大学)。フランス近現代思想専攻。九州産業大学准教授。*Tout ouvert :* L'évolution créatrice *en tous sens*〔共編著〕(Olms, 2015),『人文学と制度』〔共著〕(未來社, 2013年),『エピステモロジー――20世紀のフランス科学思想史』〔共著〕(慶應義塾大学出版会, 2013年), 他。

宮野真生子(みやの・まきこ)

1977年生まれ。京都大学大学院文学研究科博士課程(後期)単位取得満期退学。日本哲学史専攻。福岡大学准教授。『なぜ、私たちは恋をして生きるのか――「出会い」と「恋愛」の近代日本精神史』(ナカニシヤ出版, 2014年),『「おのずから」と「みずから」のあわい』〔共著〕(東京大学出版会, 2010年),『技術と身体』〔共著〕(ミネルヴァ書房, 2006年), 他。

愛・性・家族の哲学　第1巻

愛――結婚は愛のあかし?――

2016年4月28日　初版第1刷発行

編　者　藤田尚志
　　　　宮野真生子

発行者　中西健夫

発行所　株式会社 ナカニシヤ出版

〒606-8161　京都市左京区一乗寺木ノ本町15
TEL (075) 723-0111
FAX (075) 723-0095
http://www.nakanishiya.co.jp/

装幀・白沢正　印刷/製本・亜細亜印刷

*乱丁本・落丁本はお取り替え致します。

ISBN978-4-7795-1008-3　Printed in japan

愛・性・家族の哲学　全3巻

藤田尚志・宮野真生子［編］

第1巻　愛

結婚は愛のあかし？

◎近藤智彦・小笠原史樹・佐藤啓介・福島知己・藤村安芸子・宮野真生子

［コラム］栗原剛

［本体二二〇〇円］

第2巻　性

自分の身体ってなんだろう？

◎宮岡真央子・宮野真生子（監修）・佐藤岳詩・筒井晴香・相澤伸依・古賀徹

［コラム］池袋真・小笠原史樹

［本体二二〇〇円］

第3巻　家族

共に生きる形とは？

◎藤田尚志・相原征代・吉岡剛彦・梅澤彩・久保田裕之・奥田太郎

［コラム］大島梨沙・赤枝香奈子

［本体二二〇〇円］

＊表示は2016年４月現在の価格です。